SPORT IN NORDRHEIN-WESTFALEN

Eine Schriftenreihe des Kultusministers

Heft 9

Gesundheitserziehung in der Schule durch Sport

Dokumentation des Expertengesprächs zur „Gesundheitserziehung in der Schule durch Sport" am 11./12. Dezember 1986 in Grevenbroich

vgr
Verlagsgesellschaft Ritterbach mbH

ISBN 3–89314–043–3

Herausgeber: Der Kultusminister des Landes Nordrhein-Westfalen
Völklinger Straße 49, 4000 Düsseldorf 1
Copyright 1987 by Verlagsgesellschaft Ritterbach mbH, Frechen
Druck und Verlag: Verlagsgesellschaft Ritterbach mbH
Rudolf-Diesel-Straße 10–12, 5020 Frechen 1
Telefon (0 22 34) 5 70 01

12/1987

Vorwort

Die Aufgaben der schulischen Gesundheitserziehung und der spezifische Beitrag des Schulsports zur Gesundheitserziehung in der Schule sind durch Beschluß der Kultusministerkonferenz vom 1. Juni 1979 bundesweit vorgegeben. In unserem Land wird die gesundheitsbezogene Aufgabenstellung des Schulsports in den „Richtlinien und Lehrplänen für den Sport in den Schulen im Lande Nordrhein-Westfalen" beschrieben, die „Präventives Training und gesunde Lebensführung" als erste der „Aufgaben des Schulsports" nennen.

Das in dieser Schrift dokumentierte Expertengespräch zum Thema „Gesundheitserziehung in der Schule durch Sport", das mit Unterstützung des Verbandes der Ortskrankenkassen Rheinland am 11. und 12. Dezember 1986 in Grevenbroich stattfand, hat wichtige Erkenntnisse in bezug auf Begründungen und Zielvorstellungen sowie Realisierungsmöglichkeiten der Gesundheitserziehung in der Schule durch Sport erbracht. Es hat insbesondere deutlich gemacht, daß es notwendig ist,

– den Informationsstand über Aufgaben, Möglichkeiten und Grenzen des Schulsports im Rahmen der schulischen Gesundheitserziehung sowie
– die inhaltlichen, personellen, sächlichen und organisatorischen Voraussetzungen für die Verwirklichung der Gesundheitserziehung im Schulsport zu verbessern.

Ich rufe alle für den Schulsport in unserem Land Verantwortlichen, insbesondere die Schulaufsichtsbeamten, die Schulleiter und die im Schulsport tätigen Lehrkräfte auf, sich verstärkt für die Verwirklichung des gesundheitserzieherischen Auftrags der „Richtlinien und Lehrpläne für den Sport in den Schulen im Lande Nordrhein-Westfalen" einzusetzen und – möglichst im Zusammenwirken mit den Eltern und Ärzten, aber auch dem Öffentlichen Gesundheitsdienst, den Krankenkassen, den Sportorganisationen und anderen an der Gesundheitserziehung durch Sport beteiligten Partnern – im Sportunterricht sowie im außerunterrichtlichen Schulsport, in der Schule und im Schulumfeld zusätzliche Initiativen im Sinne einer möglichst umfassenden Gesundheitserziehung unserer Kinder und Jugendlichen zu entwickeln.

Mit einer landesweiten Initiative zur Förderung der Gesundheitserziehung in der Schule durch Sport könnte der Schulsport einen wirksamen Beitrag zur Prävention im Kindes- und Jugendalter leisten.

(Hans Schwier)
Kultusminister
des Landes Nordrhein-Westfalen

INHALT

DOKUMENTATION DES EXPERTENGESPRÄCHS ZUR GESUNDHEITSERZIEHUNG IN DER SCHULE DURCH SPORT AM 11./12. DEZEMBER 1986 IN GREVENBROICH

Am 11./12. Dezember 1986 führte der Kultusminister des Landes Nordrhein-Westfalen in Zusammenarbeit mit dem Verband der Ortskrankenkassen Rheinland in Grevenbroich ein Expertengespräch in Form einer Arbeitstagung zum Thema „Gesundheitserziehung in der Schule durch Sport" durch. Die Veranstaltung verfolgte als Auftaktveranstaltung für ein Programm zur Förderung der Gesundheitserziehung in der Schule durch Sport im Land Nordrhein-Westfalen im wesentlichen folgende Ziele:

— Bestandsaufnahme zu den Begründungen und Zielvorstellungen der Gesundheitserziehung in der Schule durch Sport;

— Erörterung von Realisierungsmöglichkeiten der Gesundheitserziehung in der Schule durch Sport;

— Erarbeitung von Leitlinien für Maßnahmen zur Förderung der Gesundheitserziehung in der Schule durch Sport.

Nachfolgend werden Verlauf und Ergebnisse dieses Expertengesprächs dokumentiert.

1. BEGRÜSSUNG
Verwaltungsdirektor Wilfried Jacobs

Meine sehr verehrten Damen und Herren,

ich begrüße Sie ganz herzlich – auch im Namen des Schulleiters – im Bildungszentrum der rheinischen Ortskrankenkassen in Grevenbroich.

Gestatten Sie mir zu Beginn einige kurze Anmerkungen zu unserem Zentrum.

Im Bildungszentrum des AOK-Landesverbandes Rheinland werden Aus- und Fortbildungsmaßnahmen, Seminare und Tagungen für Mitarbeiter von 27 Ortskrankenkassen im Rheinland durchgeführt. Übernachtungsmöglichkeiten für über 100 Personen sind vorhanden und Pädagogen, Krankenkasse-Fachleute und speziell ausgebildete Mitarbeiter garantieren eine ganztägige intensive Ausbildung während der gesamten Woche. Für die Freizeitgestaltung der Gäste ist durch Aufenthaltsräume, Fitnessräume, Fernsehzimmer und Kegelbahnen gesorgt. Diese Angebote stehen Ihnen natürlich ebenfalls zur Verfügung. Die vorgesehenen Mahlzeiten erhalten Sie im Speisesaal im Erdgeschoß. Sollten Sie weitere organisatorische Fragen haben, so steht Ihnen unser Mitarbeiter, Herr Uesseler, jederzeit zur Verfügung.

Nach dieser Kurzbeschreibung unseres Bildungszentrums möchte ich dem Kultusministerium danken, daß das Expertengespräch „Gesundheitserziehung in der Schule durch Sport" hier in Grevenbroich durchgeführt wird. Im Bereich des Breitensports, und hier besonders bei der Durchführung der Veranstaltungsreihe „Quer durch Nordrhein-Westfalen", haben wir in der Vergangenheit bereits erfolgreich zusammengearbeitet.

Ich freue mich, daß der Kultusminister diese Zusammenarbeit auf den Bereich der „Gesundheitserziehung in der Schule durch Sport" ausdehnen will und diese Thematik vom Kultusministerium aufgegriffen wurde. Ein erster Schritt ist diese Arbeitstagung, zu der Sie als Experten und Fachleute eingeladen wurden.

Die Ortskrankenkassen beschäftigen und engagieren sich seit Jahren sehr stark mit und in dem Bereich der Gesundheitssicherung und Prävention. Wir sehen unsere Aufgabe darin, die Bürger dazu zu bringen, sich gesund zu verhalten, sich mehr mit dem Thema „Gesundheit" zu beschäftigen und mehr für ihre Gesundheit zu tun. Besondere Beachtung verdienen neben den Erwachsenen natürlich Schülerinnen, Schüler und Jugendliche.

Vor diesem Hintergrund ergab sich zwischen uns und dem Kultusministerium das gemeinsame Interesse, auf diesem Gebiet zusammenzuarbeiten und ein Expertengespräch zu initiieren.

Im Verlauf der Veranstaltung werde ich die Gelegenheit nutzen, Ihnen mehr über unseren Ansatz und unsere Maßnahmen im Bereich der Gesundheitssicherung zu sagen.

Ich wünsche dieser Tagung einen guten Verlauf und möchte an dieser Stelle schon einmal Herrn Pack und Frau Deppe für die bisher geleisteten umfangreichen Arbeiten danken. Ihnen wünsche ich alles Gute und einen angenehmen Aufenthalt in Grevenbroich.

2. EINFÜHRUNG IN DIE ZIELSETZUNG DER TAGUNG
Ministerialdirigent Johannes Eulering

Ganz herzlich möchte ich Sie alle, meine Damen und Herren, liebe Kolleginnen und Kollegen, zu diesem Expertengespräch über die Möglichkeiten des Schulsports, zur Gesundheitserziehung beizutragen, begrüßen.

Diese Arbeitstagung schlägt den großen Bogen zu den wegweisenden Veranstaltungen Anfang der 70er Jahre, in denen die Grundlagen für die Curriculumarbeit geschaffen wurden, aus der die „Richtlinien und Lehrpläne für den Sport in den Schulen im Lande Nordrhein-Westfalen" der 80er Jahre entwickelt worden sind.

Keine schlechte Arbeit, denn sie halten ja auch den neuesten Maßstäben des „Zweiten Aktionsprogramms für den Schulsport", das aufgrund eines gemeinsamen Beschlusses der Ständigen Konferenz der Kultusminister der Länder, des Deutschen Sportbundes und der kommunalen Spitzenverbände am 17. April 1985 in Bonn veröffentlicht wurde, stand.

In dieser ausgewählten Runde der Fachleute möchte ich drei Kollegen, denen ich aus langjähriger gemeinsamer Arbeit in der Kommission „Sport" der Kultusministerkonferenz verbunden bin, besonders begrüßen; es sind der Kollege Ewald Wutz aus dem Staatsministerium für Unterricht und Kultus des Freistaates Bayern, Hans-Jürgen Langen aus dem Kultusministerium von Rheinland-Pfalz und Gerhard Oehme vom Ministerium für Kultus und Sport in Baden-Württemberg. Ihre Anwesenheit verdeutlicht, daß die Thematik „Gesundheitserziehung in der Schule durch Sport" bundesweite Bedeutung besitzt, daß der Schulsport nicht nur in Nordrhein-Westfalen mit dieser im Grunde alten Aufgabe vor einer neuen Herausforderung steht und daß die Erwartungen an die hier zu leistende Arbeit hoch sind.

Bedeutung gewinnt diese Tagung auch aus ihrer Stellung im Vorfeld der für 1987 geplanten gemeinsamen Veranstaltung von Kultusministerkonferenz und Deutschem Sportbund zum Thema „Sport und Gesundheit", in der der Themenbereich „Schulsport und Gesundheit" einen wesentlichen Schwerpunkt bildet.

Der Grund dafür, daß sport- und bildungspolitische Institutionen heute besondere Hoffnungen auf den Schulsport richten, steht in Zusammenhang mit übergreifenden Entwicklungen in der Gesellschaft, die in den Lebensläufen vieler einzelner Mitbürger sichtbar werden. Dies erfordert auch von der Schule und vom Schulsport zeitgemäße Reaktionen.

Gesundheit wird ein knappes Gut

Diese Feststellung, daß Gesundheit ein knappes Gut wird, mag paradox klingen angesichts der Tatsache, daß die durchschnittliche Lebenserwartung immer noch eine ansteigende Tendenz hat (bei den Männern liegt die Lebenserwartung gegenwärtig bei rund 70,5 Jahren und für Frauen beträgt sie sogar 77,1 Jahre). Eine gegenläufige Tendenz zeigt sich nur in der zunehmenden Gruppe der berufstätigen Frauen (vgl. Landesentwicklungsbericht Nordrhein-Westfalen 1984). Verbirgt sich darin vielleicht ein erster Hinweis, daß in der Berufswelt, daß in der Arbeitswelt, daß vielleicht in unserer gesamten Lebenswelt etwas nicht stimmt?

Trotz aller technischen Fortschritte steigen die Belastungen der Umwelt rasch weiter. Die Gefährdungen der natürlichen Lebensgrundlagen des Menschen durch den Menschen schlagen auch als Bedrohung seiner Gesundheit wieder auf ihn zurück.

Der Städtebau orientierte sich lange Zeit am Leitbild der „autogerechten Stadt". Für die „freie Fahrt des freien Bürgers" wurden mit riesigen Verkehrsschneisen Wege durch unsere Städte gebahnt; für den spielenden Menschen blieb nur wenig Raum übrig. Dies gilt auch für viele neu errichtete Trabantenstädte und Wohnsiedlungen. Ihre geringe Wohnqualität, die in der zunehmenden Zahl der leerstehenden Wohnungen ihren Ausdruck findet, ist auch darin begründet, daß für Bewegung, Spiel und Sport kein Platz vorgesehen war.

An der Spitze der Todesursachenstatistik stehen aber die Bewegungsmangelkrankheiten. In mehr als der Hälfte der Sterbefälle in Nordrhein-Westfalen ist das Versagen des Herz- und Kreislaufsystems die Todesursache. MELLEROWICZ und DÜRRWÄCHTER haben bekanntlich die Kosten, die jährlich durch die Bewegungsmangelkrankheiten entstehen, auf rund 60 Milliarden DM berechnet.

VIRCHOW, der berühmte Arzt des vorigen Jahrhunderts, hat einmal gesagt: „Epedemien gleichen großen Warnungstafeln, an denen der Staatsmann von großem Stil lesen kann, daß in dem Entwicklungsgange eines Volkes eine Störung eingetreten ist, welche eine sorgfältige Politik nicht länger übersehen darf".

Die Politik – auch jenseits der Fachpolitik Sport – beginnt, diese Signale aufzunehmen.

Aufgaben der Sportpolitik

„Sport und Gesundheitsvorsorge, die Strukturreform der Vereine, die Ausgestaltung des Schulsports werden gewiß die zentralen Aufgabenfelder der nächsten Zeit sein", dies stellte der nordrhein-westfälische Ministerpräsident JOHANNES RAU unlängst fest.

HANS SCHWIER, der Sportminister unseres Landes, der damals zugleich Vorsitzender der Sportministerkonferenz und der Kultusministerkonferenz der Länder war, führte zum gleichen Zeitpunkt vor dem Sportausschuß des Landtags aus: „Sport, Spiel und Bewegung werden für Gesundheit und sinnvolle Freizeitgestaltung immer wichtiger. Dieser Satz steht in der Regierungserklärung vom 10. Juli 1985, er ist die Maxime unserer Fachpolitik im Sport. Wir müssen dabei jedoch sehen, daß der Akzent in unserer Maxime eindeutig auf dem Komperativ ‚immer wichtiger' liegt. Die Bedeutung des Sports und damit die Aufgaben für die Sportpolitik wachsen mit hoher Dynamik weiter".

Der Sportausschuß des Landtags Nordrhein-Westfalen hat als Konsequenz aus diesen Überlegungen ein Hearing zum Thema „Sport und Prävention" durchgeführt. Fachleute aus der gesamten Bundesrepublik haben dort ihre Überlegungen zum Themenkomplex vorgestellt. Gegenwärtig arbeitet der Sportausschuß an einer Empfehlung für den Landtag, in der konkrete Handlungsprogramme für politische Zielsetzungen formuliert werden sollen, Strategien zur Umsetzung des Beitrags der vom Sport – und auch vom Schulsport – besonders zur Gesundheitsvorsorge erwartet wird.

Ich habe diese Feststellungen, Beschlüsse und konzeptionellen Arbeiten erwähnt, um deutlich zu machen, in welchem politischen Gesamtrahmen in Nordrhein-Westfalen die Bemühungen um das Themenfeld „Sport und Gesundheit" stehen, wie sehr auch dieses Expertengespräch ein zentrales Thema der gegenwärtigen Gesundheitspolitik und Sportpolitik aufgreift. Die Politik in unserem Land macht sich auf den Weg, den AVERY BRUNDAGE, der langjährige Präsident des Internationalen Olympischen Komitees, gewiesen hat, als er forderte: „Es obliegt dem Staat, sich dafür einzusetzen, daß der Sport der Gesundheit dient, aber viele Sportminister denken weniger an die Wohlfahrt als an die Medaillen".

Der Sport selbst hat schon seit längerem begonnen, auf die kurz angedeuteten Entwicklungen in der Gesellschaft zu reagieren. Die Fißneßkampagnen, die mit Beginn der 70er Jahre gestartet wurden und die den völkerwanderungsähnlichen Zustrom der Mitbürgerinnen und Mitbürger in die Sportvereine ausgelöst haben, waren ja im Kern Gesundheitskampagnen. Fitneß ist zu einer modernen Tugend geworden, so hat es Professor RITTNER einmal formuliert.

Subjekt der Gesundheit

In der Zuwendung zum Sport über das Gesundheitsmotiv, über die aktive Suche nach Fitneß, in dem Versuch, der Krankheit im wahrsten Sinne des Wortes davonzulaufen, oder – positiv – in dem Bestreben „20 Jahre lang 40 Jahre alt" zu bleiben, wird deutlich, daß immer mehr Menschen ihre Gesundheit nicht mehr nur von Apparaten und Institutionen oder staatlichen Organen einfordern, sondern daß sie ihre Gesundheit selbst in die Hand nehmen, Subjekt ihres körperlichen, seelischen und sozialen Wohlbefindens werden wollen.

Die Chancen, mit dem sportlichen Gesundheitsstreben weitere Elemente zu verknüpfen, wie gesunde Ernährung, Verzicht auf Stimulanzien – besonders auf Nikotin und Alkohol –, Streßabbau durch „meditative Form des Sporttreibens" sind daher groß. Die Hoffnungen, über den Sport tiefgreifende Verhaltensänderungen des einzelnen Menschen in der modernen Industriegesellschaft erreichen zu können, wachsen außerhalb des Sports stetig an.

Hinzu kommen die Erkenntnisse der „forschenden Wissenschaft", daß das Anwachsen der Zahl der aktiven Sportler auch mit einer neuen Körperwahrnehmung – mit einer neuartigen Weise der Selbstsuche und Selbstfindung – gekoppelt ist.

„Wo aber Arbeit – von ihren Inhalten oder von ihren Bedingungen her, die beide zum Gegenstand sowohl von Rationalisierungs- als auch Humanisierungsbestrebungen werden, – den Selbstverwirklichungswünschen nicht entspricht, gerät Freizeit als funktionales Äquivalent der Arbeit ins Zentrum der Hoffnungen und Wünsche eines vor allem sich selbst suchenden Selbst. Zur Freizeitkultur gehören der Aufschwung quasi-professionalisierter Selbstsuche in Psychoworkshops, die längst das alte Therapiemodell abgelöst haben, die den narzißtischen Selbstbildern schmeichelnden Animationsanstrengungen im Urlaub sowie das Erwachen – und die Propagierung – eines neues Körperbewußtseins. Bringt die kognitive Konzentration auf das Selbst, wie sie noch Merkmal der Reflexionsstrategien der Psychoanalyse ist, schon nicht den raschen Erfolg in der Selbstfindung, so hat die postmoderne Lebenswelt den Körper in seiner Unmittelbarkeit entdeckt. Natürlichkeit wird zum Zauberwort körpersensibilisierter Lebenskultur. Die mühsame und verzweifelte Selbstsuche, die über das kognitive Ich gerade aufgrund der Körperverdrängung und -distanzierung nicht vorankommen will, sucht sich mit Hilfe der Körperthematisierung, der Rückgewinnung des Selbst über den Körper, einen neuen Zugang zum Selbst". So charakterisiert HEINZ-GÜNTER VESTER in dem Band „Moderne oder Postmoderne?" diese Thematik; der postmoderne Freizeitmensch wird gedeutet als der Mensch, der auf der Suche nach dem Selbst durch die Freizeitlandschaft joggt.

„Sport kann uns, indem er uns unseren Körper wiedergibt (die Alltagssprache hat dafür treffende Ausdrücke), ‚rundum gut tun', er kann ‚Leib und Seele zusammenhalten', kann uns wieder ‚ganz Mensch sein' lassen – wahrscheinlich liegt darin der Kern seiner nachweislichen Wirkungen auch auf die körperliche Gesundheit".

In dieser Weise erläutert Prof. DIETRICH KURZ die Möglichkeiten des Sports, Seiten unserer menschlichen Natur wiederfinden und fördern zu können, die unter den heutigen Lebensbedingungen für viele Menschen in den Hintergrund getreten sind.

Gesundheitserzieherische Aufgaben des Schulsports

Eine Schule, die nicht in der pädagogischen Provinz verharren will, sondern sich zur Gesellschaft aufschließen möchte, kann diese gegenwärtigen Tendenzen nicht übersehen. Eine „offene Schule" muß ihren Beitrag leisten zur Änderung der Lebensweise. Neue Lebensstile, in denen das aktive Sporttreiben – auch unter gesundheitlichen Aspekten – ein wichtiges Wesensmerkmal ist, müssen hier vermittelt und eingeübt werden.

Dies ist nicht leicht! Denn die Bildungslandschaft ist auch heute mancherorts noch von der tradierten Körperferne, teilweise sogar Leibfeindlichkeit geprägt.

In den heute einsetzenden erneuten Bemühungen um den Beitrag des Schulsports zur Gesundheitserziehung steckt also auch eine neue Chance, über den Schulsport und seinen Stellenwert im Bildungskanon nachzudenken, seinen Beitrag zur Lösung komplexer gesellschaftlicher Probleme zu bestimmen, aber auch die Aufgabe, ihn gegen pervertierende Einflüsse von außen abzuschotten. Hinweisen möchte ich in diesem Zusammenhang nur auf manche gesundheitsbedrohenden Praktiken im internationalen Spitzensport, deren Verführungsmacht groß zu sein scheint, die aber in kritischer Auseinandersetzung von der nachwachsenden Sportgeneration abgewehrt werden müssen. Gerade auch der Schulsport muß sich dieser Aufgabe stellen.

Eine vergleichbare Aufgabe sehe ich in den Entwicklungen um die Kardinaltugend des Sports, das Fair play. Der Wertewandel in der Gesellschaft und im Sport – mag man ihn nun postmaterialistisch oder postmodern interpretieren – stellt auch neue Anfragen an die Erziehungsziele im Schulsport. „Fair-play-Kampagnen", die jetzt in Mode kommen, erreichen meines Erachtens nicht ihr Ziel, wenn sie nicht auch den Strukturwandel, der sich im Sport vollzogen hat, einbeziehen. Ein „Wertehimmel" jedenfalls, der über der Professionalisierung und Kommerzialisierung schwebt und den Wandel des Sports zur Ware in so manchem Teilbereich des Sportimperiums nicht berücksichtigt, wird nichts bewirken. Die Zielsetzung des Fair play im Berufssport, am „Arbeitsplatz Sport", muß sicher in andere Begründungszusammenhänge gestellt werden, als sie die naiven Fortschreibungen aus der Amateurtradition liefern.

Für den heute zu diskutierenden Auftrag an die Schule, zur Gesundheitserziehung mit verstärktem Engagement beizutragen, ist in den „Richtlinien und Lehrplänen für den Sport in den Schulen im Lande Nordrhein-Westfalen" der Grund bereits gelegt. Die erste Aufgabe lautet bekanntermaßen: „Der Schulsport soll die Gesundheit aller, besonders aber der kreislauf- und haltungsschwachen Schüler durch regelmäßiges Training fördern; er soll sportbezogene Kenntnisse, Einsichten und Gewohnheiten ausbilden helfen, die eine gesunde Lebensführung stützen können".

In der heutigen Tagung geht es also im Kern darum, Wege zu finden, wie diese erste der neun Aufgaben, die zur „Handlungsfähigkeit im Sport" führen sollen, ausgefüllt werden kann.

Eine Möglichkeit besteht hier sicherlich in der Rückbesinnung auf die eigenen Traditionen des Schulsports.

Als die Reformwellen Ende der 60er Jahre die Schulen erreichten, habe ich z.B. als junger Lehrer auch an den Diskussionen über die Raucherzimmer in den Schulen teilgenommen. Das Stichwort lautete „Entkriminalisierung" – raus aus den Toiletten und dunklen Ecken und Gängen an den Schulen. Wir haben dann im Kollegium mit Mehrheit die Einführung eines Raucherzimmers beschlossen! Ich habe diese kleine anekdotisch gefärbte Erfahrung eingebracht, weil sich an ihr verschiedene Aspekte verdeutlichen lassen.

1. Es lassen sich Lernprozesse erläutern. Heute würde ich – trotz der beachtenswerten Überlegungen zur „Entkriminalisierung" der „dunklen Ecken" und der Vorverlegung der Volljährigkeit – angesichts der neueren Erkenntnisse über die gesundheitsschädigenden Wirkungen des Rauchens gegen die Einrichtung eines Raucherzimmers an Schulen votieren. Was falsch ist, was wissenschaftlich erwiesenermaßen ungesund ist, muß so bezeichnet und auch behandelt werden. Damit sind natürlich noch längst nicht alle Aspekte, die mit einem totalen Rauchverbot in der Schule verknüpft sind, erörtert. Die Frage, ob man das Rauchen an der Schule nur begrenzen oder total verbieten soll, und zwar für Schüler und Lehrer (!), wird noch manchen Konflikt auslösen. Die Vorbildwirkung der Lehrkräfte, die in der Aussage gipfelt, daß der Schüler liebt, was der Lehrer liebt, gewinnt in diesem Kontext ganz neues Gewicht.

2. Gegen die Entscheidung wehrte sich damals mit allem Nachdruck unser alter Turnlehrer und Mentor des Sports an der Schule. Er war so sehr ein Anhänger des Gedankens der Leibeserziehung, daß er auch im Begrifflichen den Weg von der Leibeserziehung zum Schulsport nicht mitgegangen ist. Sein Verständnis von Leibeserziehung gab ihm klare Maßstäbe für seine Argumente und für seine Entscheidungen.

3. Dieser Mentor des Sports in der Schule hatte uns seinen Weg der Leibeserziehung vermittelt. Noch heute kenne ich viele Kollegen, die durch seine Ausbildung gegangen sind und sich immer noch auf seine Schule – seine „Schulung" – berufen. Es gab wohl früher so etwas wie eine Meisterlehre der Leibeserziehung, die nicht an Hochschulen, sondern an der Schule selbst tradiert wurde. Zum Selbstverständnis dieser Meisterlehre gehörte es meines Erachtens, daß sich der Leibeserzieher auch als Gesundheitserzieher der Schule verstand. Die Mitwirkung des Schulsports bei der Gesundheitserziehung hat eine lange Tradition. Vielleicht ist in den Diskussionen um die curriculare Weiterentwicklung des Schulsports diese Tradition ein wenig verschüttet worden. Könnten wir hier vielleicht anknüpfen?

Eine radikale Gegenposition zum mancherorts praktizierten Schulsport bezog der Hamburger Mediziner HANS-GEORG ILKER, der zugleich Vorsitzender der Hamburger Turnerschaft von 1816 ist, mit seinen Ausführungen: „Ein kritisches Wort auch zum Schulsport, auch wenn es liebgewordene Wunschvorstellungen durcheinanderwirbeln wird. Nach jahrzehntelangen erfolglosen Versuchen ist es an der Zeit, ernsthaft zu überlegen, ob man das Experiment Schulsport nicht endlich beenden sollte. Erforderlich ist im schulischen Bereich eine Gesundheitserziehung, die schon dem jungen Menschen klar macht, mit welchen gesundheitlichen Risikofaktoren er es im fortgeschrittenen Alter zu tun haben wird. Dazu gehört unbedingt auch eine Erarbeitung der theoretischen und praktischen Grundlagen für eine Lifetime-Sportart. Biologie, Sexualpädagogik und Anteile des bisherigen Schulsports könnten gemeinsam die stoffliche Grundlage für dieses Fach Gesundheitserziehung beisteuern."

Soweit wie ILKER möchte sicher keiner von uns gehen, denn zur Handlungsfähigkeit im Sport, dem wichtigsten aktiven Freizeitverhalten des modernen Menschen, gehören noch viele weitere Elemente.

ILKER hat ja auch zugleich auf ein schwieriges Problem des erzieherischen Handelns aufmerksam gemacht, daß nämlich die gesundheitlichen Risikofaktoren in der Regel erst im fortgeschrittenen Alter auftreten. Gesundheit ist nicht das zentrale Motiv, um Kinder und Jugendliche in Bewegung zu setzen. Sie treiben in der Regel Sport, weil sie gesund sind, weil für sie – Gott sie Dank – das „Schweigen der Organe" durchweg die beherrschende Wirklichkeit ist.

Deswegen muß m.E. das Bemühen, durch den Schulsport auch das Gesundheitsverhalten und das Gesundheitswissen zu verbessern, einen Umweg gehen.

Es gilt zunächst, allen Kindern gegen die lähmenden Interessenbindungen aus der Freizeitgesellschaft die Freude am aktiven Bewegungsleben zu vermitteln. Dem Schulsport muß es gelingen, jeder Schülerin und jedem Schüler die aktive Teilnahme am Sport, an der modernen Bewegungskultur, so zu vermitteln, daß er ein nicht mehr ersetzbares Element ihrer Lebensweise wird. Eine Stütze für ein regelmäßiges Sporttreiben ist die Gemeinschaft. Der Schulsport muß deswegen nicht nur in das aktive Sporttreiben einführen, sondern er sollte auch die Brücke schlagen zu den Sportgemeinschaften außerhalb der Schule, zu den Vereinen. Dies gilt nicht nur für die sportmotorisch begabten Schülerinnen und Schüler – hier leistet unser „Landesprogramm zur Talentsuche und Talentförderung in Zusammenarbeit von Schule und Verein/Verband" bereits hilfreiche Dienste –, sondern besonders für die weniger Begabten. Gelingt es, auch die Gruppe der weniger Begabten zu lebenslangem Sporttreiben zu motivieren, dann hat der Schulsport sicher seinen wichtigsten Beitrag zur Gesundheitserziehung bereits geleistet. Regelmäßiges Sporttreiben ist das beste Gegenmittel gegen die – eingangs kurz skizzierte – moderne Volksseuche der Bewegungsmangelkrankheiten.

Handlungsprogramm zur Förderung der Gesundheitserziehung in der Schule durch Sport

Ein guter Schulsport ist die wirksamste Investition in die gesundheitliche Zukunft unserer Gesellschaft.

Wenn dieser Satz seine volle Bedeutung entfalten soll, dann müssen allerdings noch weitere Potentiale des Schulsports erschlossen werden. Grundlegend geklärt werden muß, mit welchem Gesundheitsbegriff die Zielperspektive im schulischen Unterricht definiert werden soll. Es geht sicher nicht darum, die Angst vor Krankheiten zu schüren, sondern vielmehr muß eine „Begeisterung für Gesundheit" entwickelt werden. Lebensfreude muß erfahrbar werden. Das Wertkonzept „gesund leben zu können" muß mit gesundheitlich positiven Erfahrungen und Verhaltensweisen verknüpft werden.

Dazu gehört auch die Vermittlung von Kenntnissen, die in den „Richtlinien und Lehrplänen für den Sport in den Schulen im Lande Nordrhein-Westfalen" einen hohen Stellenwert gefunden hat. Sie ist gerade auch unter dem Aspekt der Gesundheitserziehung im Sport notwendig. Aber alle Theorievermittlung im Sport, auch die Aufklärung über gesundheitliche Risikofaktoren und die Vermittlung des Grundwissens über eine gesunde Lebenshaltung, muß mit dem praktischen Sporttreiben verschränkt bleiben. Es darf nicht durch reine Theoriestunden abgelöst werden.

Unzulänglichkeiten und manifeste Defizite im Bereich des Schulsports, die auch einen wirksameren Beitrag des Schulsports zur Gesundheitserziehung der Kinder und Jugendlichen erschweren, gilt es zu beseitigen. Beispiele sind die noch nicht überall erfolgte Umsetzung der Richtlinien und Lehrpläne für den Schulsport, der teilweise immer noch hohe Anteil des von Lehrkräften ohne die Lehrbefähigung für das Fach Sport erteilten Sportunterrichts, die vielfach unzureichende Ausbildung der Sportlehrer in Fragen der Gesundheitserziehung durch Schulsport, ein teilweise immer noch hoher Unterrichtsausfall, die Stagnation bzw. mancherorts sogar der Rückschritt im Bereich des Sportförderunterrichts („Schulsonderturnen"), die immer noch nicht gelösten Probleme der undifferenzierten Freistellung der Schüler im Schulsport.

Auch die Inhalte des Schulsports sollten in die Diskussion einbezogen werden. Liefern sie eine tragfähige Grundlage für die erweiterte Zielsetzung?

Die öffentliche und teilweise auch die fachwissenschaftliche Diskussion der Aufgaben, Möglichkeiten und Grenzen des Faches Sport innerhalb des überfachlichen Auftrags „Gesundheitserziehung" in der Schule ist über weite Strecken noch durch Ungewißheit und Unsicherheit in den Grundfragen sowie in den Fragen der praktischen Umsetzung gekennzeichnet.

Deswegen beabsichtigen wir, eine landesweite Aktion zur Förderung der Gesundheitserziehung in der Schule durch Sport zu initiieren, mit der Zielsetzung,

– den Informationsstand über Aufgaben, Möglichkeiten und Grenzen des Schulsports im Rahmen der schulischen Gesundheitserziehung zu verbessern sowie

– die inhaltlichen, personellen, sächlichen und organisatorischen Voraussetzungen für die Verwirklichung der Gesundheitserziehung im Schulsport zu verbreitern.

Es soll eine umfassende Konzeption für ein landesweites Umsetzungsprogramm zur Förderung der Gesundheitserziehung in der Schule durch Sport entwickelt werden.

Grundlegende Aspekte dieses Vorhabens wurden in einem „Handlungsprogramm zur Förderung der Gesundheitserziehung in der Schule durch Sport" zusammengestellt, das allen Teilnehmern am Expertengespräch in der Entwurfsfassung vorliegt.

Nach dem Durchlauf durch die Beratungen soll es die Grundlage bilden für das weitere Vorgehen in diesem Themenfeld.

Deswegen haben wir zu dieser Diskussionsrunde Vertreter sehr unterschiedlicher Positionen eingeladen. Das gilt für die Referenten aus der Sportwissenschaft, wie auch für die Repräsentanten der verschiedenen Institutionen und Organisationen aus dem weiten Umfeld des Schulsports.

Ihnen allen gilt ein herzlicher Gruß und der Dank für die Bereitschaft, sich an dieser „Wegegabelung" an der Suche nach der „richtigen Richtung" zu beteiligen. Wir hoffen, am Ende dieser Tagung etwas deutlicher zu wissen, welchen Part der Schulsport am Aufbau der Gesundheitsrolle für den modernen Menschen spielen kann.

Unser Dank gilt der gastgebenden Institution, dem AOK-Landesverband Rheinland, vertreten durch Herrn Jacobs, nicht nur für das gesprächsfreudige Klima, das für diese Tagung geschaffen wurde, sondern auch für die Bereitschaft, die weitere Realisierung des Programms zu unterstützen. Wir sehen darin einen Beleg, daß die Kassen die Prävention mehr und mehr in ihr Programm einbeziehen und dabei – wie wir das aus anderen Bereichen der Zusammenarbeit bereits kennen – den Sport als hilfreichen Partner ansehen.

Lassen Sie mich mit einer kleinen Anekdote schließen, die noch einmal einen zentralen Aspekt des Tagungsthemas beleuchtet:

Vor einigen Monaten hatte ich eine Festrede zu halten für einen der vielen Turnvereine, die in diesen Jahren 100 Jahre und älter werden. Geehrt wurden alte Turner, die selbst 80 oder 90 Jahre zählten. Sie standen kerzengerade „wie eine deutsche Eiche", so heißt es ja nach der tradierten Metaphorik. Nicht ganz so gerade stand der Oberbürgermeister, der auch zum Festakt erschienen war. Er habe es im Kreuz, sagte er mir und wies dann lobend darauf hin, daß er einen Arzt gefunden habe, der ihm keine Spritzen verordnet hätte, sondern Wirbelsäulengymnastik. „Nur", so bemerkte er mit gequältem Lächeln, „als die Schmerzen verschwunden waren, habe ich leider mit der Gymnastik wieder aufgehört."

Diese Begebenheit zeigt beispielhaft auf, was viele Untersuchungen bestätigen: Das Gesundheitsmotiv scheint nur zu einer kurzfristigen Hinwendung zum Sport zu führen; wenn der Leidensdruck nachläßt, stirbt es als „Beweggrund" vielfach schnell ab.

Angesichts dieser geschilderten Problematik muß über die Bemühungen der Gesundheitsförderung hinaus die Forderung nach einer langfristig wirksamen Gesundheitserziehung in den Vordergrund gesundheitsbezogener Konzepte des Schulsports rücken. Zwar kann der Schulsport nicht endgültig heilen, woran die Menschen und die Gesellschaft kranken, aber er kann doch einen Beitrag leisten, um die „Glücksbilanz" (KARL ADAM) der Menschen ein wenig zu vergrößern.

In diesem Sinne verdienen dieses Expertengespräch und die daraus folgenden Arbeiten einen umfassenden Erfolg.

3. KURZREFERATE

GESUNDHEITSERZIEHUNG IN DER SCHULE DURCH SPORT:
BEGRÜNDUNGEN UND ZIELVORSTELLUNGEN

* Pädagogische Aspekte

Prof. Dr. Dietrich Kurz

Der pädagogische Beitrag zu dieser Tagung ist dreigeteilt; jeder von uns wird sich auf wenige Aspekte konzentrieren, die ihm besonders wichtig erscheinen. Sie werden in meiner Darstellung bald feststellen, daß für mich eine pädagogische Betrachtungsweise zur Gesundheitserziehung nicht neben einer medizinischen, einer trainingswissenschaftlichen, einer psychologischen, einer soziologischen Betrachtungsweise steht, sondern diese in praktischer Absicht zum Nutzen der Heranwachsenden zu integrieren sucht.

Ich werde mich in meinen 20 Minuten auf zwei Fragestellungen konzentrieren:

1. Welchen Anteil hat die Sorge um die Gesundheit im Gesamtkatalog der pädagogischen Aufgaben des Schulsports?
   (Hinter dieser Frage steht die Überzeugung, daß das Wort „Gesundheit" nur einen unter vielen unverzichtbaren Beiträgen signalisiert, die das Fach Sport für die Entwicklung der Schüler zu leisten hat.)

2. Worin kann der spezifische Beitrag des Sports zur Gesundheitserziehung in der Schule bestehen?
   (Hinter dieser Frage steht die Tatsache, daß Gesundheitserziehung auch im Aufgabenkatalog anderer Schulfächer auftaucht.)

Um es vorweg zu sagen: Ich werde beide Fragen im Sinn meines Verständnisses entsprechender Formulierungen in den geltenden Richtlinien für den Sport an den Schulen Nordrhein-Westfalens beantworten. Meine Antworten sind dennoch nicht trivial. Schon ein flüchtiger Blick auf neuere Veröffentlichungen zum Thema würde zeigen, daß es auf die beiden von mir gestellten Fragen besonders unter Sportpädagogen, aber auch unter Sportmedizinern, auch andere Antworten gibt.

Ich bitte Sie noch ein für allemal um Verzeihung für den Thesencharakter meiner folgenden Aussagen. Die Kürze der Zeit erlaubt kaum Begründungen, keine Belege und Beispiele. Ich liefere gern alles in den wenigen Pausen dieser Tagung nach.

Zur Frage 1:

Nach einer didaktischen Position, die seit etwa zehn Jahren in der Fachdiskussion der Bundesrepublik verbreitet Zustimmung findet, ist der Schulsport an der Leitidee einer Vermittlung und Erweiterung von Handlungsfähigkeit im Sport zu orientieren. Für unseren Zusammenhang ist an dieser Leitidee dies wesentlich: Im Sport handlungsfähig ist ein Mensch, der aufgrund exemplarischer Erfahrungen weiß, welche verschiedenen Erwartungen man an den Sport herantragen kann, welche davon ihm besonders wichtig sind, wie sie sich für ihn in welchen Formen des Sports erfüllen können und welchen Stellenwert der Sport demnach in welchen Formen in seinem Leben einnehmen soll. Das ist eine anspruchsvolle, aber – wie ich meine – vertretbare Leitidee. Schulsport hätte nach ihr entscheidend mit der individuellen Suche nach Sinn zu tun. Sie muß der Lehrer unterstützen. Sinnvoll – und das heißt hier je nach Sichtweise auch: „motivierend" bzw. „pädagogisch wertvoll" – kann Sport in seinen vielen Formen jedoch in ganz unterschiedlicher Hinsicht sein.

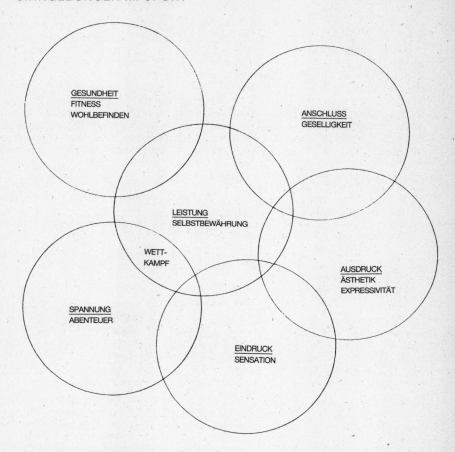

GESUNDHEIT
FITNESS
WOHLBEFINDEN

ANSCHLUSS
GESELLIGKEIT

LEISTUNG
SELBSTBEWÄHRUNG

WETT-
KAMPF

AUSDRUCK
ÄSTHETIK
EXPRESSIVITÄT

SPANNUNG
ABENTEUER

EINDRUCK
SENSATION

Die Abbildung gibt Ihnen blasse Worte für sechs Felder von Sinngebungen, die ich zu unterscheiden und allesamt im Schulsport zu berücksichtigen vorschlage. Gesundheit ist eine unter ihnen. Nach meiner festen Überzeugung würde der Schulsport an Reiz und Wert entscheidend verlieren, wenn sich Auswahl der Inhalte und methodische Gestaltung einseitig an einer unter ihnen – welcher auch immer – orientierten. Zum Glück heißt das zwar nicht, daß für die Gesundheit nur 1/6 der Zeit bleibt (denn der gute Sport erfüllt immer mehrere Sinngebungen zugleich), aber es heißt doch, daß Schulsport nicht ausschließlich unter der Perspektive Gesundheit veranstaltet werden darf.

Wer von Ihnen noch die Entwürfe für unser Fach aus bildungstheoretischer Zeit kennt (hier insbesondere PASCHEN und SCHMITZ), der weiß auch, daß die Einschränkungen sogar noch weiter gehen: Sport bewußt unter der Perspektive Gesundheit zu betreiben und zu gestalten, entspricht – zumindest für Kinder und Jugendliche – nicht seinem Sinn. Ein Tagungsthema „Gesundheitserziehung in der Schule durch Sport" verdient ein Fragezeichen. Die genaueren Kenntnisse über

Prozesse der Motivierung im Sport, die wir heute haben, bestätigen diese Skepsis nachhaltig – sogar für viele Erwachsene.

Ich gehe sogar soweit: Wer auf die Frage, warum er Sport treibt, nur antworten kann, „meiner Gesundheit wegen", ist – selbst wenn er dies z.B. mit präzisen Kenntnissen über die Wirkung der Ausdauerbelastung auf Herz-Kreislauf- und Stoffwechselsystem untermauern könnte – nicht handlungsfähig, denn er kennt sich und den Sport nicht – oder macht sich etwas vor.

Zur Frage 2:

Wenn Sie die beschriebenen Einschränkungen mit mir teilen, müssen Sie auch darin folgen, daß Schulsport nur einen begrenzten Beitrag zur Gesundheitserziehung in der Schule leisten kann und daß es – wenn man überhaupt etwas erreichen will – unabdingbar ist, diese Grenze präzise und bescheiden zu bestimmen. Dazu will ich Ihnen jetzt einige Überlegungen anbieten. Mit diesen Überlegungen trauere ich übrigens nicht – wie manche meiner Kollegen – um das Faktum, daß wir an den Schulen der Bundesrepublik kein umfassendes Fach Gesundheitserziehung haben und daß ein solches Fach bildungspolitisch zumindest auf mittlere Sicht keine Chance hat. Ich denke nämlich, daß es nicht nur für die unterrichtenden Lehrer ein undankbares Fach wäre, sondern auch das Gesundheitsverhalten der Schüler kaum prägen könnte.

Daher also zum begrenzten, aber – wie ich meine – aussichtsreicheren Gesundheitsauftrag des Schulsports.

Seine besondere Chance läßt sich m.E. auf zwei Tatsachen zurückführen:

1. Im Gegensatz zu anderen Unterrichtsfächern, insbesondere dem Fach Biologie, braucht Gesundheit nicht nur Thema theoretischer Behandlung zu bleiben. Bewegung als Pharmakon – Arznei und Gift – kann praktisch erfahren, die individuell angemessene Dosierung unter Anleitung herausgefunden werden. Auch die Tatsache kann Erfahrung werden, daß die individuelle Wirkung eines Pharmakons neben der Dosierung auch von bestimmten Faktoren der Lebensführung, der diaita (und das ist mehr als nur die Ernährung!) abhängt.

2. Diese praktischen Selbsterfahrungen mit Bewegung als Pharmakon müssen Schüler nicht nur mit dem Hinweis auf „Gesundheit" nahegelegt werden – einem Hinweis, den die wenigsten unter ihnen mit einem aktuell bedeutsamen Lebenssinn verbinden können! (Sie fühlen sich ja meistens gesund.) Es gibt schülernähere Beweggründe für gesunde Praktiken: das Bemühen um die Verbesserung von Bewegungsgestalten und sportlichen Leistungen, die Sorge um Fitneß und eine attraktive Figur, unter Umständen sogar das Ausleben aktueller Stimmungen in der Bewegung (z.B. in den vielen Varianten des „Sich-Austobens"). Das Pharmakon Bewegung muß keine bittere Arznei sein, deren Wirksamkeit man daraus erschließt, daß sie schlecht schmeckt.

Ich kann mir vorstellen, daß Sie mir bis hier gern folgen; denn die Botschaft klingt sympathisch. Aber die ihr entsprechende Praxis ist es offenbar nicht.

Um das deutlich zu machen, müßte ich nun ausführen, welche körperlichen Belastungen, die für eine gesunde Entwicklung notwendig sind, der Schulsport regelmäßig enthalten sollte, und welchen gesundheitsgefährdenden Bewegungsausführungen, Dosierungsgewohnheiten und Lebenspraktiken er entgegenzuwirken hätte. Dazu reicht die Zeit nicht. Für meine weiteren Überlegungen muß die Behauptung genügen, daß Sportlehrer heute vieles, was für die Gesundheit ihrer Schüler dringend notwendig wäre, nicht tun, obwohl es sich mit schülernäheren Sinngebungen als der der Gesundheitsvorsorge verbinden ließe. Einige Thesen, besonders mit dem Blick auf die Sekundarstufe I:

– Ausdauerbelastungen haben zwar an Beachtung gewonnen; dagegen wird jedoch für Kraft und Beweglichkeit – vor allem im Bereich des Rumpfes und der oberen Extremitäten – viel zu wenig getan. Die Entwicklung unserer Sportpraxis zum Fußgängersport und der Verfall von Turnen und Gymnastik bilden den Rahmen dafür.

– Schüler, die nicht im Verein sind, haben viel zu wenig Gelegenheit, zu erfahren, daß erkennbare Trainingswirkungen – gleichgültig, ob für Gesundheit, sportliche Leistung oder Figur – Regelmäßigkeit zur Voraussetzung haben. Körperliche Belastung im Schulsport wird nach dem Prinzip „zwar selten, aber dann heftig" dosiert, obwohl dies besonders für leistungsschwächere Schüler ineffektiv und demotivierend ist.

– Jede einzelne Sportstunde kann, manche sollte wenigstens ein Modell für eine wohltuende Abfolge von Belastungen mit verschiedenen Schwerpunkten, aber auch von Belastung und Pause, Spannung und Entspannung sein. Entsprechende Prinzipien zur Gliederung der Unterrichtsstunde, die in der Methodik unseres Faches eine lange Tradition haben, werden jedoch heute kaum mehr geschätzt, jüngere Lehrer kennen sie gar nicht.

– Der Unterricht findet viel zu selbstverständlich fast nur noch in der Halle statt; draußen allenfalls einmal bei sogenanntem schönen Wetter.

Hier müßte nun die Klage kommen, daß die meisten Lehrer dies nicht tun, vielleicht noch nicht einmal wissen können, daß es wichtig wäre, weil Ausbildung, Fortbildung und gängige, praxisnahe Literatur ihnen hierzu wenig oder nichts bieten. Ich kann das abkürzen, weil Ihnen dazu ein Text, den ich für die Kommission „Gesundheit" von DSB/DSÄB vorbereitet habe, mit den Tagungsunterlagen zugesandt worden ist[1]. (vgl. „Handlungsprogramm zur Förderung der Gesundheitserziehung in der Schule durch Sport im Land Nordrhein-Westfalen", Seiten 5–7).

Auch die Sportmedizin hat sich bisher zum Thema „Gesundheit im Schulsport" vornehm zurückgehalten; sie hat offenbar wichtigere Themen. Den einzigen umfassenden Versuch, ausgehend von den Fragen der Unterrichtspraxis begründete Hinweise für die Gestaltung eines gesunden Schulsports zu geben, hat ein Trainingswissenschaftler unternommen: GÜNTER FREY. Sein Buch „Training im Schulsport"[2] ist zwar hier und da Examenslektüre geworden, aber es gibt viele Vorbehalte, seinen Hinweisen zu folgen. Diese Vorbehalte rechtfertigt man mit zwei allgemeinen Einwänden, einem haltlosen und einem bedeutsamen.

Der eine Einwand lautet: Wenn wir das tun, was FREY empfiehlt, haben wir für alle anderen Ziele des Schulsports keine Zeit mehr. Wer diesen Einwand vorbringt, hat das Buch wohl gar nicht gelesen, zumindest aber nicht verstanden. Denn er unterstellt ja, daß eine bestimmte Phase des Unterrichts immer nur entweder präventives Training oder etwas anderes sein könne. Dies gilt nur für schlechten Unterricht.

Der andere Einwand lautet: Selbst wenn wir das tun, ist das für die Gesundheit der meisten Schüler nicht genug.

Diesen Einwand empfehle ich sehr ernst zu nehmen. Er besagt nämlich, daß wir alles dafür tun müssen, daß das, was Schüler an gesunden Praktiken im Sportunterricht erfahren, auch ihr Leben, insbesondere ihr Bewegungsleben, außerhalb der Schule prägt. Dies nicht erst nach, sondern schon während der Schulzeit. Wie können wir darauf hinwirken? Zwei generelle Empfehlungen gibt die aktuelle sportpädagogische Diskussion:

1. Wir müssen für den Sportunterricht nach solchen gesunden Elementen des Sports suchen, die die Schüler auch aktuell mit Sinn erfüllen können. Wem in diesem Zusammenhang die Kategorie „Spaß" geläufiger ist, kann es auch so ausdrücken: Schüler müssen Spaß an gesunden Belastungen gewinnen – aber bitte nicht: Spaß anstelle von gesunden Belastungen!

2. Es genügt nicht, mit Schülern Gesundes zu veranstalten. Sie müssen auch begreifen lernen, wovon es abhängt, ob Bewegungsausführungen funktional, Trainingsprogramme effektiv und vielleicht auch gesund sind. Wir müssen sie in die Lage versetzen, unter den vielen Formen des Sports die selbst auszuwählen, die ihnen körperlich gut tun. Zu diesem kognitiven Anteil einer Gesundheitserziehung des Sportunterrichts wird Herr Brodtmann noch etwas sagen. Doch auch hier wieder meine Warnung: nicht Reflexion statt Erfahrung, sondern Reflexion über das Erfahrene.

Beide Empfehlungen setzen etwas voraus, was man leider nicht einfach voraussetzen kann: daß die Lehrer, die das vermitteln sollen, selbst aus dem Sport in ihrem Leben eine gesunde Praxis gemacht haben. Nur dann können sie nämlich eine Einheit von Handeln, Wollen und Reflexion glaubwürdig vermitteln, um die es hier geht.

Literatur:
[1] Deutscher Sportbund (Hg): Deutscher Sportbund 1982–1986. Bericht des Präsidiums. Frankfurt 1986, 287–290.
[2] G. FREY: Training im Schulsport. Schorndorf 1981.

Prof. Dr. Edgar Beckers

Inhalt und Ziel einer Gesundheitserziehung durch Sport scheinen von vornherein festzustehen: gezieltes Bewegungstraining, um die organische Leistungsfähigkeit zu verbessern und möglichst lange zu erhalten. Diesen Sachverhalt haben medizinische Wissenschaften im Detail begründet; offen bleibt allenfalls noch die Frage, wie medizinische Vorgaben didaktisch aufbereitet und kompetent vermittelt werden können. Pädagogische Überlegungen bleiben meist ausgeklammert. Wie gering zumeist das Interesse an pädagogischer Beteiligung ist, dokumentiert z.B. das Hearing des DSB vom Oktober 1981; unter den 19 geladenen Referenten befanden sich allein 14 Mediziner, immerhin 2 Journalisten, jedoch nur ein Pädagoge.

Die Veranstalter dieser Tagung haben dagegen beschlossen, auch Pädagogen, und dann gleich in dreifacher Gestalt, als Experten einzuladen. Ich möchte daher annehmen, daß Sie von den Sportpädagogen nicht bloß eine Bestätigung der Einsichten erfahren wollen, die von Medizinern wesentlich fundierter vorgetragen werden können. Demnach verstehe ich meine Aufgabe darin, pädagogisch relevante Aspekte vorzustellen, selbst wenn sie der bisherigen Praxis widersprechen.

Ich möchte gleich zu Beginn Ihre Erwartungen dämpfen, denn Pädagogik gilt nicht ganz zu Unrecht als eine Disziplin, die zu vielem wenig zu sagen hat, da sie häufig ihre Aussagen noch nicht einmal mit imponierenden Zahlen belegen kann. Dafür besitzt sie aber einen anderen Vorteil, nämlich den, zum Nachdenken anregen zu können[1]. Genau dies möchte ich bewirken, denn ich kann keine Rezepte anbieten, wie die ‚richtige' Praxis aussehen soll.

Gestützt wird meine Absicht durch eine mehr banale Feststellung: Zur Vorbereitung der heutigen Tagung habe ich vor einiger Zeit die ‚Bundesvereinigung für Gesundheitserziehung' angeschrieben und um Informationsmaterial gebeten. Die mir freundlicherweise sofort zur Verfügung gestellten Unterlagen haben mich fast erschlagen: Vor dem Hintergrund einer mehr als einhundertjährigen Tradition der Gesundheitserziehung hat alleine diese Bundesvereinigung in den letzten 30 Jahren zahllose Aktivitäten initiiert, deren Erfolge jedoch recht gering geblieben sind. Soll die heutige Tagung nicht zu einem weiteren folgenlosen Ereignis werden, dann muß zunächst danach gefragt werden, warum Gesundheits-Aufklärungskampagnen meist scheitern. M.E. sind dafür vor allem 3 Gründe festzustellen:

1. Die undifferenzierte Gleichsetzung von Sport und Gesundheit. Läßt man den umfassenden Anspruch der alten ‚Diätetik'[2] (und die Gründe für deren Reduktion) außer acht, dann steht seit ca. 100 Jahren Leibesübung bzw. Sport im Mittelpunkt der Gesundheitserziehung. Fragwürdig erscheint jedoch eine quantitative Verknüpfung, wonach mehr Gesundheit durch mehr Sport zu erreichen sei. Würde diese Gleichung stimmen, dann brauchte man nur die schon lange geforderte ‚tägliche Bewegungszeit' von ca. 15 Minuten zu verwirklichen und könnte alle anderen Überlegungen (und Kosten) einsparen.

2. Der Blick auf bisherige, engagierte Bemühungen zur Gesundheitserziehung offenbart eine eigenartige Widersprüchlichkeit, die beispielsweise in dem Handbuch ‚Gesundheitserziehung von A – Z' ablesbar ist. Selbstverständlich scheint der Rückgriff auf die Definition der Weltgesundheitsorganisation. Bereits 1957 betont ZOLLER den ‚subjektiven Aspekt' von Gesundheit sowie deren ‚ethische Dimension' und fordert: „Der Mensch muß wieder zu sich selbst finden, zum rechten Maß und Gleichgewicht, in seiner geistigen Existenz wie in seinem Gefühlsleben, zwischen Arbeit und Muße, zwischen Rechten und Pflichten" (7). An gleicher Stelle weist 1974 LABERKE auf die psychosozialen Dimensionen von

Gesundheit hin und bezeichnet Krankheiten als „Signal für eine innere Not".
1984 fordert HARTUNG die „Integration von Gesundheit und Krankheit in den
Rahmen ihrer gesellschaftlichen Bedingungen". Doch trotz der weiten Problem-
perspektive wird der Maßnahmenkatalog vor allem auf ein ‚Bewegungstraining'
(LABERKE) reduziert bzw. um einige Aspekte der Aufklärung z.B. über Bewe-
gungsmangel oder Krebsvorsorge, Mißbrauch von Nikotin oder Verhalten im
Straßenverkehr ergänzt (HARTUNG). Fazit: Bei der Umsetzung in Praxis gehen
im Regelfall die zuvor propagierten Leitsätze verloren[3]. Dies mag zusammen-
hängen mit

3. der Dominanz eines funktional-physiologischen Verständnisses, das Krankheit
als gestörte Organ- und Zellfunktion bestimmt. Der damit erreichte Fortschritt
medizinischer Wissenschaft ist unbestreitbar, aber er reduziert auch den Menschen zum Therapieobjekt: „Aus der Heilkunde wurde eine Heiltechnik"
(SCHIPPERGES, 47). Die unmittelbar nachweisbaren Funktionsstörungen sind
objektivierbar (und damit wissenschaftlich relevant) und sie stimmen mit einem
Verständnis von Leistungsfähigkeit überein, das im Alltag, in der Arbeitswelt
und auch im Sport im Vordergrund steht. Aus diesem Grunde fällt es schwer,
die in unserer Kultur bestehende allgemeingültige Leistungsnorm zu verbinden
mit individuellen Lebensqualitäten, die – zumindest nach Auffassung der WHO
– auch zur Gesundheit gehören[4].

Aus dieser Bestandsaufnahme sind m.E. mehrere Folgerungen für eine zukünftige
Gesundheitserziehung in der Schule zu ziehen.

1. Folgerung:

Wir benötigen einen erweiterten Gesundheitsbegriff und dessen konsequente Berücksichtigung. Diese Einsicht ist keineswegs neu. Aber der bloße Rückgriff auf
die vorliegende WHO-Definition reicht nicht aus, da sie heftig umstritten und offensichtlich nicht konsensfähig ist (vgl. u.a. HÖRMANN 1986). Doch trotz der z.T.
berechtigten Kritik besitzt sie ein unbestreitbares Verdienst, da sie

– Gesundheit nicht durch ihr Gegenbild Krankheit definiert, sondern als eigene
  Lebensqualität ausweist,

– darum bemüht ist, neben der Leistungsfähigkeit weitere Qualitäten für eine sinnvolle, gesundheitliche Lebensführung zu erfassen.

In dieser Richtung ist auch die pädagogische Bedeutung des Wertes ‚Gesundheit'
zu suchen. Da Gesundheit kein garantierter Besitz ist, sondern ein labiler Zustand,
der sich aus der individuellen Lebensweise ergibt, kann sie nicht hinreichend
durch Verhaltensweisen gesichert werden, die sich im statistischen Durchschnitt
als gesundheitsfördernd erwiesen haben. Ohne an dieser Stelle eine vollständige
Herleitung begründen zu wollen, möchte ich aus pädagogischer Perspektive Gesundheit umschreiben als ein individuelles, momentanes Resultat situativ angemessenen Verhaltens, das von persönlichen Wertentscheidungen getragen wird.
Gesundheit ist in Form und Inhalt abhängig von der jeweiligen Lebenswelt und besteht in einem Zustand des Gleichgewichts zwischen individuellen Möglichkeiten
oder Wünschen und äußeren Anforderungen, zwischen den Merkmalen einer Person und den Bedingungen ihrer Umwelt.

Dieses Gleichgewicht hat nichts zu tun mit der irrealen Vision einer Harmonie oder
einer mißverständlichen Kennzeichnung als ‚Wohlbefinden', das ein Refugium der
Entspannung vom Streß des Alltags bedeuten könnte. Stattdessen besitzt sie eine
große Nähe zu klassischen Bildungsvorstellungen, die das Wachsen der Persön-

lichkeit mit Aktivität verbinden, mit der Verpflichtung zur tatkräftigen Gestaltung der eigenen Person und der Umwelt. Dieser Bildungsbegriff bezieht Wissen und Fertigkeiten ein, er basiert demnach auf Erziehung. Soll dieses Ziel erreicht werden, dann muß Gesundheitserziehung mit ihrem Wissen über Funktionsfähigkeit ergänzt werden durch eine Gesundheitsbildung. Sie umfaßt einerseits die Befähigung zur Gestaltung der Umwelt und besitzt andererseits den „Großmut und die Gelassenheit, den Individuen zuzugestehen, sich mehr oder weniger gesundheitsgerecht zu verhalten" (HÖRMANN 1986, 484).

Daß eine solche Ausweitung des Gesundheitsbegriffs notwendig ist, zeigen die sogenannten Zivilisationserkrankungen, deren Erforschung auf den krankmachenden Zusammenhang von individuellen Lebensmöglichkeiten und Umweltbedingungen hinweist. Häufig beinhalten diese Krankheiten also auch die Chance und die Herausforderung, den Anforderungen der Umwelt mit einem veränderten Verhalten zu begegnen. Unterbleibt jedoch eine solche Differenzierung, dann kann ein unklares Gesundheitsmotiv durchaus zum Synonym für Leistungsfähigkeit werden, einer Leistungsfähigkeit, die als übermächtige Anforderung der Umwelt möglicherweise selbst eine krankmachende Ursache darstellt[5].

Die Erweiterung des Gesundheitsbegriffs leistet das, was HEINRICH SCHIPPERGES mit Nachdruck für die Medizin fordert und was für Bildungsdenken selbstverständlich ist:

Die Einführung des Subjekts. Auf einer solchen Basis ergeben sich für das theoretische Selbstverständnis und für praktische Maßnahmen einige wichtige Hinweise, z.B.

– die Einbeziehung von Behinderten, die bei Verwendung eines funktionalen Gesundheitsbegriffs ausgegrenzt sind. Dies hat besondere Bedeutung für die Schule, die ja bis zu einem gewissen Alter von allen Menschen mit ihren unterschiedlichen körperlichen, psychischen und sozialen Voraussetzungen besucht wird;

– Vermeidung eines falsches Ideals der Jugendlichkeit und Dynamik, das mit wachsendem Alter zum krampfhaft erbrachten Etikett wird und Krankheit sowie Tod als natürliche Bestandteile menschlichen Lebens tabuisiert. Doch selbst die beste Gesundheitsvorsorge wird die Sterbestatistik nicht abschaffen;

– die Betonung der individuellen Sinnfindung und Wertorientierung[6]. Die mittlerweile unübersehbare Tendenz zum Wertwandel entwickelt sich gleichermaßen zu einer pädagogischen und gesellschaftspolitischen Aufgabe, weil dessen ungesteuerter Wildwuchs zu schlimmen Fehlentwicklungen führen kann, wie historische Erfahrungen belehren.

2. Folgerung:

Maßnahmen zur Gesundheitsbildung müssen von den spezifischen Bedingungen der Schule und der Schüler ausgehen. Mit dieser so selbstverständlich erscheinenden Aussage möchte ich auf einen häufig vernachlässigten Gesichtspunkt hinweisen: Zur Begründung der Inhalte und Ziele der Gesundheitserziehung wird meist auf die Sterbestatistik hingewiesen, in der Herz-Kreislauf-Erkrankungen und Krebs an vorderster Stelle stehen. Diese Todesursachen dominieren jedoch eindeutig nur bei älteren Jahrgängen, die von ihnen ausgehenden Bedrohungen betreffen kaum die Lebenswelt der Jugendlichen. Eine erste Differenzierung erlaubt dagegen eine nach Altersstufen geordnete Sterbestatistik, die mir allerdings nur aus dem Jahre 1973 zur Verfügung steht. Greifen wir die Altersstufe 15–24 Jahre heraus, dann haben die später so dominierenden koronaren Herzkrankheiten nur einen Anteil von 1%, dagegen sind 16% aller Todesfälle auf Selbstmord und 54% auf Unfälle zurückzuführen, wobei der Anteil der männlichen Jugendlichen drei- bis viermal so hoch ist wie der der weiblichen. Die hohen Unfallzahlen stehen im Zusammenhang mit Wagemut oder ‚Imponiergehabe' der Jugendlichen, häufig verstärkt durch Drogenkonsum. Die Selbstmordrate, prozentual nur noch höher bei den 25–34 Jährigen, deutet auf gerade hier auftretende Perspektivlosigkeit, Versagens- und Zukunftsangst hin. Verstärkt wird diese Interpretation durch den Bericht des Kultusministers zur ‚Gesundheitserziehung und Suchtvorbeugung' vom Dezember 1984, in dem der Drogenmißbrauch problemspezifisch begründet wird und zwar vor allem durch allgemeine Lebensunsicherheit, ungesicherte Lebensperspektive, Störungen im Eltern-Kind-Verhältnis.

In seiner Festrede anläßlich des Weltgesundheitstages 1985 führt RUDOLF AFFEMANN die ungesunde Lebensweise vieler Jugendlicher u.a. auf ‚mangelnde seelische Stabilität' oder ‚zu geringe Frustrationstoleranz' zurück; ungesunde Verhaltensweisen dienen gerade hier häufig als Ersatzbefriedigungen. Auf derselben Veranstaltung bestätigt ein betroffener Jugendlicher, daß Rauchen, Trinken oder Drogenkonsum „eine Auswirkung der No-future-Einstellung (ist), die der Welt keine lange Lebenszeit mehr zuspricht. Leuten mit diesen Ansichten ist es selbstverständlich egal, wenn sie ihre Gesundheit zerstören und womöglich schon früh sterben, denn es gibt für sie nichts, was die Erhaltung ihres Lebens lohnen würde" (DIEHL, 75).

Wenn es stimmt, daß die Einsicht in gesunde Lebensweisen bereits bei Jugendlichen angelegt wird, dann reicht es nicht aus, ihnen rationale und funktionale Konzepte anzubieten, die aber nichts zu tun haben mit ihren aktuellen Problemen. Pädagogische Maßnahmen müssen daher von der jeweiligen Lebenswelt der anzusprechenden Jugendlichen ausgehen. Gesundheitsbildung, die zu einer verantwortungsbewußten und situationsangemessenen Lebensgestaltung beitragen will, muß gerade bei Jugendlichen den Sinn- und Wertbereich betonen „Wer nicht weiß, wozu er lebt, besitzt keine Lust, die vielen kleinen Akte der Überwindung eigener Bequemlichkeit, Trägheit und Ängstlichkeit, die ein gesundes Leben verlangt, auf sich zu nehmen" (AFFEMANN)[7].

3. Folgerung:

Um Gesundheitsbildung durch Sport verwirklichen zu können, benötigen wir ein erweitertes Sportverständnis, in dem die Möglichkeit zur individuellen Sinnfindung enthalten ist. Diese ‚Einführung des Subjekts' in den Sport stellt Bewegung und vor allem den Körper in den Mittelpunkt. Der Körper bildet die Nahtstelle zwischen Ich und Umwelt, durch ihn treffen individuelle Möglichkeiten und äußere Anforderungen unmittelbar aufeinander. Das Ziel der Befähigung zum situativ angemessenen Umgang mit dem eigenen Körper schließt Regelsport nicht aus, aber andere Formen ein, die nicht primär durch Leistungsvergleich und -steigerung geprägt sind. In diesem Kontext ist der Körper dann nicht allein ein physiologischer Apparat, der normbezogen funktionieren soll, sondern ebenso Medium der Erfahrung und des Ausdrucks. Man sollte sich jedoch hüten, im Sportunterricht ein kulturfremdes Reservat einzurichten; andererseits zeigt doch der ‚Wandel des Sports' an, daß auch in unserer Gesellschaft ein Bedürfnis nach weiteren Inhalten besteht. Aufgegeben werden muß aber die pauschale Zuschreibung, nach der Sport generell gesund sei.

Für die hier anstehende Frage, wie Gesundheitsbildung in der Schule problemangemessen und sinnvoll konzipiert werden kann, möchte ich folgende Grundsätze skizzieren:

1. Bei der Entwicklung von didaktischen Materialien ist die pädagogische Grundbedingung zu beachten, nach der in jedem Unterricht eine zweifache Aufgabe zu erfüllen ist, nämlich die der Erziehung (als Vermittlung von Fertigkeiten, Wissen und Regeln) und die der Bildung (Hilfe zum individuellen, situativ angemessenen Verhalten). Dies gilt auch für Sportunterricht (vgl. BECKERS 1985).

2. Sportunterricht kann zu einem zentralen Ort der Gesundheitsbildung werden, da ein enger Zusammenhang zwischen Körper, Bewegung und Gesundheit besteht. Er umschließt sowohl die bekannten medizinischen Sachverhalte als auch die Tatsache, daß mit dem Körper und der Bewegung Wahrnehmungen und damit Erfahrungen verbunden sind, die zur Entwicklung von Lebensperspektiven notwendig sind. Voraussetzung dazu ist allerdings eine Ausweitung des Sportbegriffs, wodurch zugleich das veränderte Sportspektrum und die dahinterstehenden diffusen Wertwandeltendenzen zur Kenntnis genommen werden.

3. Die curriculare Aufbereitung eines Unterrichtsfaches ‚Gesundheit' birgt die Gefahr der Verschulung einer Lebensqualität, über deren negative Konsequenzen im Hinblick auf die Schulfächer Kunst und Religion schon traditionell geklagt worden ist. Wenn die Grenzen der Operationalisierbarkeit von Lernzielen in diesem Bereich eingesehen werden, dann bedeutet dies zwar Begrenzung der Planbarkeit von Unterrichtsprozessen und Lernerfolgskontrollen, bietet aber auch eine Chance, dem Sport traditionell zugeschriebene Inhalte, die allenfalls noch in Präambeln oder ‚pädagogischen Geleitworten' ein Schattendasein fristen, stärker in die Unterrichtsgestaltung einzubringen. Die Ausweitung der Gesundheitserziehung zur Gesundheitsbildung verlangt, auch den Sportunterricht über den Aspekt funktionellen Körperverhaltens hinaus auf Möglichkeiten der individuellen Sinnfindung im Bewegungsverhalten zu erweitern.

4. Für die Arbeitsgruppe stellt sich das Problem, einerseits konkrete Leitlinien zu erarbeiten, andererseits genügend Freiraum zu lassen, der zur Initiierung von Bildungsprozessen notwendig ist. Sicher erscheint, daß der herkömmliche Sportunterricht diese Aufgabe nicht alleine erfüllen kann. Ob jedoch andere Schulfächer sich kontinuierlich in die Gesundheitsbildung einbinden lassen, wage ich zu bezweifeln. Denkbar ist daher nur ein umfassendes Konzept sportbezogener Gesundheitsbildung, das hauptverantwortlich von einem dazu ausgebildeten Sportlehrer durchgeführt wird. Ein solches Konzept steht meines Wissens noch aus.

5. Benötigt werden Experten für Gesundheitsbildung. Kenntnisse über körperliche Funktionszusammenhänge bilden eine unbestreitbar wichtige Grundlage, dadurch allein aber kann die Diskrepanz zwischen Wissen und Handeln[8] nicht überwunden werden. Die Kompetenz eines Sportlehrers zum Problem Gesundheit wird nicht bereits durch vier Semesterwochenstunden umfassende Veranstaltung in Sportmedizin garantiert, wie dies in einem Papier des DSB vom März 1986 anklingt. Stattdessen muß die Aus- und Fortbildung von Sportlehrern zu Experten für Gesundheitsbildung systematisch ausgebaut werden und somatische, psychische und soziale Aspekte umfassen.

6. Wirkungsvolle Maßnahmen zur Gesundheitsbildung dürfen nicht auf eine ‚pädagogische Provinz' Schule begrenzt sein, sondern müssen mit außerschulischen Bestrebungen verbunden werden. Notwendig und auch denkbar ist die Einbeziehung der Eltern und eine enge Kooperation und Koordination z.B. mit der Jugendarbeit des LSB bzw. den Vereinen. Der Erfolg schulischer Gesundheitsbildung kann erheblich gesteigert werden, wenn sie als integrierter Be-

standteil eines umfassenden ‚Netzwerkes Gesundheit' konzipiert wird. Es gibt berechtigte Hinweise darauf, daß auch kommunal- und landespolitische Instanzen diesen Aspekt der sozialen Verantwortung im und durch Sport zu erkennen beginnen.

Anmerkungen:

[1] Andererseits beginnen seit einiger Zeit Pädagogen ausdrücklich Bedeutung und Tragweite des Problems Gesundheit zu thematisieren, obgleich Gesundheit – in unterschiedlichen Terminologien – zu den klassischen Erziehungs- und Bildungszielen gehört. Das gegenwärtige Interesse ist beispielsweise daran ablesbar, daß die Pädagogische Rundschau (40, 1986) allein diesem Thema gewidmet ist.

[2] Daß die ‚Diätetik' nicht allein auf Hygiene, Ernährung und Krankheitsvorbeugung im heutigen Sinne beschränkt war, sondern vor allem als ‚Kunst der Lebensführung' galt, dürfte hinreichend bekannt sein (vgl. SCHIPPERGES, LÜTH oder KOELBING). Aufschlußreich ist, wie sich im Gefolge des Aufklärungsdenkens und vor allem durch die Entdeckung der Zellbiologie (VIRCHOW) das wissenschaftliche Selbstverständnis der Medizin wandelte (‚Von der Heilkunde zu Heiltechnik', SCHIPPERGES) und damit auch die Diätetik eine reduzierte Bedeutung erhielt (vgl. dazu u.a. HÖRMANN 1986).

[3] In einer Untersuchung ‚Zur Lage der Gesundheitserziehung an den allgemeinbildenden Schulen in der Bundesrepublik Deutschland' gehen ARNOLD/FINN/LANG von der Vermutung aus, daß zwar die Notwendigkeit erkannt ist, bei Schülern ein gesundheitsgerechtes Verhalten anzubahnen, das von einem Verantwortungsbewußtsein sich selbst und der Gesellschaft gegenüber getragen ist, daß aber „die praktische Umsetzung der Gesundheitserziehung nicht mit der Idealvorstellung übereinstimmt" (449). Eine Analyse der Lehrpläne und Prüfungsordnungen der Länder sowie der Studienangebote der Universitäten bestätigt diese Vermutung.

[4] Wie dieses auf Konkurrenz beruhende Leistungsverständnis in Widerspruch zu präventiven oder therapeutischen Intentionen geraten kann, hat W. WILKENING auf dem DSB-Hearing angedeutet; Beobachtungen auf einem Behindertensportfest veranlassen ihn zur Skepsis gegenüber derartigen Veranstaltungen, denn niemand habe bisher gemessen, was mit Gesundheit und Psyche der Verlierer geschehe.

[5] Aus der ‚Instrumentalisierung des Sports' zum Garanten für Gesundheit können durchaus Gefahren entstehen, wenn die alte Forderung nach Effektivität, objektiver Leistungsfähigkeit und -steigerung nur unter einem neuen Etikett vermittelt werden; die Exzesse der Jogging-Szene deuten auf ein solches Mißverständnis hin. Dabei ist nicht zu übersehen, daß sich parallel zum gesellschaftlichen Wertwandel eine stärkere Hinwendung zu ‚alternativen' Formen des Sports vollzieht. Wenn jedoch suspekt gewordene Werte unter dem Modewort Gesundheit (oder ‚Fitness') erneut angeboten werden, bedeutet dies, die Symptome mit den Ursachen heilen zu wollen.

[6] Derartige Vorstellungen hat bereits H. HEISE vorgestellt (‚Die entscholarisierte Schule', bes. S. 83 ff.), allerdings sind seine Überlegungen bislang kaum zur Kenntnis genommen worden.

[7] Sehr deutlich stellt HÖRMANN diesen Aspekt in den Vordergrund: „Der Versuch, Sozialisationspraktiken oder Verhaltensweisen verändern zu wollen, die auf dem

Hintergrund ökonomischer Unsicherheit, ungünstiger Wohnbedingungen etc. be-ruhen, ohne gleichzeitig die stets bedingenden Verhältnisse zu berücksichtigen, dürfte daher wenig erfolgversprechend sein" (480). Weniger wissenschaftlich und daher praxisnäher verdeutlicht HÖRMANN wenig später seine Aussage: „Wie kann der riskant fahrende jugendliche Motorradfahrer, der aus Medien und geheimen Verführern lernt, daß er nur so seiner Freundin imponieren kann, zu vorsichtigem Verhalten gebracht werden oder zu Widerstand gegen Zigaretten- oder Alkoholkonsum seiner Clique?" (ebd.).

[8] Die Diskrepanz zwischen Wissen und Handeln zu überwinden, ist sicherlich das zentrale Problem aller Erziehungsbemühungen. Erheblicher Zweifel ist gegen-über der Aussage HAAGs auf dem DSB-Hearing angebracht, der meint, diese Diskrepanz dadurch schließen zu können, „indem man das Wissen z.T. direkt über das Handeln vermittelt, also beispielsweise die Schüler Zirkeltraining oder Fitnessprogramme selber durchführen lassen und ihnen im Anschluß die Aus-wertung und den Vergleich der Ergebnisse überträgt". Gerade der Umgang mit Krankheit zeigt jedoch, daß vor allem die personale Betroffenheit zu einer Ände-rung der Lebenssituation führt, und die ist nicht allein über rationale Wissensver-mittlung erreichbar.

Literatur:

AFFEMANN, R.,	Jugend 85: Gesund in die Zukunft. Festrede zur Weltge-sundheitstagung 1985 am 19. März 1985 in Bonn. Sonder-druck.
ARNOLD, K./ FINN, A./ LANG, E.,	Zur Lage der Gesundheitserziehung an den allgemeinbilden-den Schulen in der Bundesrepublik Deutschland. In: Päd-agogische Rundschau, 40 (1986), 449–464.
BECKERS, E.,	Sport und Erziehung. Köln 1985[2].
DIEHL, Ch.,	Die Gesundheit – und was die Jugend davon hält. In: Bun-desvereinigung für Gesundheitserziehung e.V. (Hrsg.), Ju-gend 85: Gesund in die Zukunft. Bonn 1985. 75–76.
DSB (Hrsg.),	Hearing zum Thema ‚Sport und Gesundheit‘ am 22. und 23.10.1981.
HARTUNG, K.,	Gesundheitserziehung in der Ausbildung von Pädagogen. In: Handbuch Gesundheitserziehung von A–Z, 36. Lfg. Sept. 1984.
HEISE, H.,	Die entscholarisierte Schule. Stuttgart 1960.
HÖRMANN, G.,	Die ärztliche Therapie. Darmstadt 1985.
LABERKE, J.A.,	Methodische Wege und Probleme der Gesundheitserziehung in der Schule. In: Handbuch Gesundheitserziehung von A–Z, 28. Lfg. Dezember 1974.
LÜTH, P.,	Das Ende der Medizin? Stuttgart 1986.
SCHIPPERGES, H.,	Anspruch und Möglichkeit. In: Deutsche Zentrale für Volks-gesundheitspflege e.V. (Hrsg.), Gesundheit für alle bis zum Jahr 2000. Kongreßbericht. Frankfurt/M. 1982, 45–48.
WILKENING, W.,	Statement aus der Sicht gesundheitlicher Aufklärung. In: Hearing des DSB zu Sport und Gesundheit 1981.

ZOLLER, B.E.,   Der Bundesausschuß für gesundheitliche Volksbelehrung e.V. In: Handbuch Gesundheitserziehung von A–Z, 1. Lfg. Juli 1957.

Prof. Dieter Brodtmann

Angesichts dessen, was Edgar Beckers und Dietrich Kurz hier zur Frage der Begründung einer Gesundheitserziehung durch Sport gesagt haben, kann ich mich auf die Frage der Zielvorstellungen konzentrieren. Ich versuche dabei, eine möglichst realistische Position zu vertreten und zu möglichst konkreten Aussagen zu gelangen.

Hier zunächst einige allgemeine Zielsetzungen: Gesundheitserziehung soll langfristig wirksam sein. Sie zielt auf Mündigkeit. Sie soll den einzelnen Menschen zum möglichst kompetenten und selbständigen Umgang mit seiner Gesundheit befähigen. Gesundheit ist in diesem Verständnis eine vom Einzelnen prinzipiell selbst zu erbringende Leistung.

Es geht in der Gesundheitserziehung primär um die Erziehung zur gesunden Lebensführung. Gesunde Lebensführung wird hier verstanden als das individuelle Bemühen, durch Selbst-Steuerung des Alltagsverhaltens solchen Beeinträchtigungen der Qualität des eigenen Lebens entgegenzuwirken oder zu entgehen, die aus dauerhaften Störungen oder Bedrohungen des körperlichen, seelischen und sozialen Wohlbefindens folgen können.

Welche Chancen hat in diesem Zusammenhang der Schulsport? Können Heranwachsende im Rahmen des Schulsports für eine selbstverantwortete gesunde Lebensführung sensibilisiert und motiviert und mit den für diese Lebensführung notwendigen Kompetenzen ausgestattet werden? Auf welche Weise kann dies – falls es überhaupt möglich ist – geschehen?

Den Versuch einer Antwort auf solche Fragen muß ich mit einigen eher negativen Feststellungen, einigen Ausgrenzungen beginnen.

1. Wir wissen inzwischen zur Genüge, daß nicht jeder Sport und nicht jede Art des Sporttreibens gesundheitsdienlich sind, und wir wissen auch, daß eine gesunde Lebensführung weit mehr als nur sportliche Betätigung umfaßt und sei es auch eine sportliche Betätigung der gesundheitsdienlichsten Art.

Wir können daher auch nicht mehr die Auffassung teilen, daß die Aufgabe des Schulsports als Gesundheitserziehung schon mit der Gewöhnung an regelmäßiges Sporttreiben als erfüllt gelten könne; denn einmal ist – wie zuvor gesagt – nicht jedes Sporttreiben an sich schon gesund, vor allem aber würde eine Gesundheitserziehung, die nur auf blinde Gewöhnung an das regelmäßige Ausüben gesundheitlich effektiver Sportformen zielt, – auch wenn sie Erfolg hätte – das Ziel verfehlen, zum mündigen Umgang mit der eigenen Gesundheit zu befähigen. Sie würde die jeweiligen Heranwachsenden nicht dafür ausstatten, Gesundheit als von ihm selbst verantwortete Eigenleistung unter den unterschiedlichen Belastungssituationen seines künftigen Lebens als Erwachsener zu erbringen.

2. Es fehlt immer noch an Entschiedenheit, um was es unter der Zielperspektive „Gesundheit" im Schulsport vorrangig gehen soll. Viele gutgemeinte Ansätze zur Gesundheitserziehung durch Schulsport scheitern daran, daß mit der Gesundheitserziehung (als einer Aufgabe, die primär auf die Zukunft gerichtet ist) zugleich Gesundheitsförderung im Blick auf die Behebung aktueller gesundheitlicher Defizite betrieben werden soll, die die Schüler in die Schule mitbringen.
In der Fachliteratur – und vermutlich auch in der Praxis – dominiert heute noch eindeutig der Gesichtspunkt der Gesundheitsförderung, oft auf den relativ schmalen Bereich der Konditionsförderung und konditionellen Leistungssteigerung verkürzt. Man nehme etwa die Vielzahl der Veröffentlichungen zum Circuit-Training

und die zahllosen Vorschläge zur Erhöhung der Bewegungsintensität im Sportunterricht. Man nehme umgekehrt die immer wieder aufflammende Kritik an Unterrichtsgesprächen im Sportunterricht. Ganz abgesehen davon, daß aus trainingswissenschaftlicher Sicht die Dauerhaftigkeit der mit Konditionstraining vielleicht erzielten körperlichen Anpassungen erheblich in Frage gestellt werden muß, müssen aber vor allem die didaktischen Konsequenzen einer solchen einseitigen Akzentuierung eines gesundheitsorientierten Sportunterrichts auf Gesundheitsförderung gesehen werden. Je intensiver nämlich Schulsport als Training verstanden wird, desto stärker gerät er in Kontrast zu sportpädagogischen Zielsetzungen, wie sie gerade auch die Richtlinien des Landes Nordrhein-Westfalen bestimmen, nämlich den Schülern während ihrer Schulzeit möglichst zahlreiche Zugänge zur Vielfalt des Sports, zu den darin angelegten Handlungsmöglichkeiten, Erfahrungen und Erlebnissen zu verschaffen sowie Schüler zur selbständigen Gestaltung ihres Sporttreibens zu befähigen. Außerdem muß eine Reduzierung der Gesundheitsförderung auf planmäßiges Körpertraining zwangsläufig auch dazu führen, daß zentrale Bereiche von Gesundheit ausgeblendet bleiben, insbesondere die Förderung des seelischen und sozialen Wohlbefindens.

Meines Erachtens haben wir nur dann Chancen, mit der Erziehung zu einer gesunden Lebensführung spürbar voranzukommen, wenn wir die bisherige Rangfolge umkehren und die Überlegungen, wie die Gesundheit von Schulkindern aktuell durch Schulsport gefördert werden könne, solange zurückstellen, bis wir Klarheit darüber haben, wie ein Sportunterricht aussehen müßte, der wirklich der Erziehung zu einer selbstverantworteten gesunden Lebensführung dient. In der Zwischenzeit sollten wir darauf vertrauen, daß in einem Sportunterricht, der in den Schülern Interesse an der Vielfalt von Handlungsmöglichkeiten im Sport erhält und weckt, sich von selbst jene Bewegungsintensität einstellt, die zumindest ausreicht, um das körperliche Leistungsvermögen „über die gesundheitlich kritische Unterforderungslinie zu heben und damit – in begrenztem Umfang – rehabilitativ und präventiv zu wirken" (HILDENBRANDT 1981, 13).

3. Wir sollten bei allen unseren Überlegungen von vornherein anerkennen, daß der Schulsport zwar wichtige Beiträge zur Gesundheitserziehung leisten kann, daß es sich aber immer nur um einige „Bausteine" im Rahmen einer umfassenderen Gesundheitserziehung handeln kann, während andere, ebenso wichtige „Bausteine" von anderer Seite bereitgestellt werden müssen. Die dem Schulsport gesetzten Grenzen sind viel zu offenkundig, als daß man ihn allein für die Entwicklung der Bereitschaft und Fähigkeit zur gesundheitsbewußten Lebensführung bei der heranwachsenden Generation verantwortlich machen dürfte.

„Bausteine" zur Gesundheitserziehung

Wenn ich versuche, im Bilde von den „Bausteinen" zu bleiben, muß ich zwischen drei unterschiedlichen Formen von „Bausteinen" zur Gesundheitserziehung sprechen.
Das eine sind solche „Bausteine", die für das Fundament des Hauses „Gesundheitsbildung" unentbehrlich sind, das andere sind „Bausteine", die man für tragende Wände und stützende Pfeiler benötigt, und schließlich gibt es noch Bausteine, die man vor allem für bestimmte Räume benötigt.

Ich benenne zunächst zwei „Bausteine", die mir für das Fundament unentbehrlich erscheinen. Zu den elementaren Erfahrungen im Sport gehört, daß man erlebt, wie bestimmte Bewegungen und Verhaltensweisen sich positiv auf das Wohlbefinden auswirken, während andere Bewegungen und Verhaltensweisen eher zu Mißbehagen führen. Wohlbefinden oder Mißbehagen können dabei aus dem Erleben des eigenen Körpers oder/und aus dem Einfluß des sozialen Umfeldes resultieren.

Das führt mich zu zwei ersten Forderungen an den Schulsport:

1. Im Schulsport sollte ein sensibles und aufmerksames Umgehen mit dem eigenen Körper ermöglicht und gelehrt werden. Das bedeutet keinesfalls „Schon"-Sport, sondern ist im Gegenteil Voraussetzung, damit unsere Schüler intensiver, nachhaltiger und besser Sport treiben können (FUNKE 1986, 22). Der gerade in einem trainingsbetonten Sportunterricht vorherrschende „Kampf gegen den Körper" sollte zugunsten eines „Empfindens mit dem Körper", einer „Erfahrung im Körper" und eines „Eingehens auf den Körper" zurücktreten (SCHRICKER 1984, 22). Die Erfahrung des „Kampfes gegen den Körper" wird einem ernsthaft Sporttreibenden eh nicht erspart bleiben.

2. Sportunterricht sollte immer auch unter dem Aspekt der Förderung der psychosozialen Gesundheit geplant und durchgeführt werden. Wiederholte negative soziale Erfahrungen im Sportunterricht können bei manchen Schülern dauerhafte und nur schwer zu behebende negative Einstellungen zum Bewegen und zum Sport bewirken.

Beide Forderungen folgen vor allem aus den Erfahrungen, die wir tagtäglich im Schulsport wie auch im außerschulischen Sport mit den Auswirkungen der Dominanz des Überbietungs- und Perfektionsstrebens machen. Vielen Sportlehrern – und natürlich erst recht vielen Sporttreibenden – sind in dieser Hinsicht offensichtlich grundlegende gesundheitsrelevante Sachverhalte nicht bekannt oder nicht bewußt. Ein Beispiel: Wer etwa meint, sich selbst und andere im Sport ständig übertreffen zu müssen, setzt sich genau jenem negativen Typus von Streß aus, der als gesundheitlicher Risikofaktor ersten Ranges gilt. Die aus gesundheitlicher Sicht erforderliche Einstellung zum sportlichen Bewegen und Handeln kann erst dann als erreicht gelten, wenn Überbietungs- und Perfektionsstreben an ein „Körpergewissen" und an ein soziales Gewissen gebunden werden (FUNKE 1986, 23). Auch für den Bereich des Sports gilt, daß eine Erziehung zur gesunden Lebensführung untrennbar mit einer Besinnung auf die Wertorientierungen unseres Lebens verbunden ist.

Zu den Bausteinen, die man für die tragenden Wände des Gebäudes Gesundheitsbildung benötigt, zähle ich insbesondere viele gesundheitsbezogene Kenntnisse, Einsichten und Fähigkeiten. Hier liegt sicher ein Schwerpunkt jeder Gesundheitserziehung im Schulsport; denn gesundheitlich relevantes Handeln, erst recht aber gesundheitlich relevante Einstellungen setzen spezifische Kenntnisse und Einsichten voraus. Dabei kommt es wesentlich darauf an, diese Einsichten und Kenntnisse möglichst unmittelbar auf die jeweils praktizierten, gesundheitlich bedeutsamen Fertigkeiten und Verfahren zu beziehen. Am Beispiel der Pulsfrequenzmessung: Der Erwerb einer sicheren Technik der Pulsfrequenzmessung als einer der ersten Schritte zum kompetenten Umgang mit dem eigenen Körper ist sicher grundlegend und daher unverzichtbar. Aber dieser Schritt bleibt irrelevant, wenn er nicht mit Kenntnissen und Einsichten darüber gekoppelt wird, inwieweit aufgrund körperlicher Reaktionen (z.B. einer in bestimmtem Umfang erhöhten Pulsfrequenz) Aussagen über körperliche Belastungen oder Belastbarkeit gewonnen werden können. Ähnliches gilt für Trainingsverfahren wie etwa das Dauerlaufen oder das Circuit-Training, deren Funktionsweise begriffen sein muß, wenn der Einzelne in der Lage sein soll, sie zur Erhaltung und Förderung seiner Gesundheit einzusetzen. D.h., es geht unter der Priorität „Gesundheitserziehung" statt „Gesundheitsförderung" nicht um den Verzicht auf Training schlechthin. Es geht vielmehr darum, Training so im Sportunterricht zu thematisieren, daß die Schüler daran lernen können, sich selbst zu trainieren. Wenn man das hinsichtlich der Konditionsverbesserung am Circuit-Training gelernt hat, dann hat das Circuit-Training seine gesundheitspädagogische Schuldigkeit getan.

Allerdings können viele dieser „tragenden" gesundheitlich relevanten Sachverhalte im Sport mit den Mitteln des Schulsports allein nicht verständlich gemacht werden. Sie können nur – weil auch in den Zuständigkeitsbereich anderer Schulfächer und Wissenschaftsdisziplinen fallend – interdisziplinär aufgearbeitet werden. Die hierfür notwendige Koordination und Kooperation stößt z.T. auf große Schwierigkeiten, oft schon beginnend mit nicht aufeinander abgestimmten Lehrplänen.

Ich komme zu der dritten Gruppe von „Bausteinen", die für den Ausbau spezieller Räume im Haus der Gesundheitsbildung benötigt werden. Ich meine damit jene Sachverhalte, deren Beherrschung für ein die Gesundheit erhaltendes Handeln in den Räumen des Sports benötigt wird. Dazu zählen insbesondere Strategien und Techniken zur Vermeidung von körperlichen Beeinträchtigungen beim Sporttreiben, von der Fähigkeit zum selbständigen Aufwärmen über Techniken des Sicherns und Helfens bis etwa zum angemessenen Verhalten beim Tauchen oder zur sportbezogenen Hygiene.

Alles, was ich bisher unter dem Stichwort „Bausteine" einer Gesundheitserziehung durch Schulsport gesagt habe, ist anhand und im Rahmen derjenigen Lehrplaninhalte realisierbar, die man in heutigen Rahmenrichtlinien für den Sportunterricht bundesweit finden kann. Ich möchte aber an dieser Stelle gern ausdrücklich auf zwei neuere Entwicklungen auf der Inhaltsebene hinweisen, die noch keineswegs überall in den Kanon der Richtlinieninhalte aufgenommen worden sind, aber deren mögliche gesundheitserzieherische Bedeutung uns veranlassen sollte zu überlegen, wie und in welchem Umfang sie im Interesse einer das rein Körperliche überschreitenden Gesundheitserziehung in den Schulsport, vielleicht auch eher in das Gesamt von Schule integriert werden könnten.

Ich nenne als Stichworte: „Neues Spielen" und „Bewegungsmeditation".

„Neues Spielen", – das ist der Versuch, das Wohlbefinden, ja Glück beim Spielen dadurch wiederzugewinnen, daß man gegen die in unseren Sportspielen dominierende Idee der Konkurrenz die Idee der sozialen Integration durch das Spielen stellt. Titel wie „Spiele ohne Tränen", „Spiele ohne Verlierer" signalisieren das Bemühen um grundlegende Alternativen zu den Ideen und Betriebsweisen des Wettkampfsports.

„Bewegungsmeditation", – das ist vor allem der Versuch, dem von den gesundheitlichen Auswirkungen der modernen Industriegesellschaft gefährdeten und unter diesen Auswirkungen leidenden Menschen Erfahrungen im Umgang mit dem eigenen Körper zugänglich zu machen, die in anderen Kulturkreisen gewonnen und in Lehren vom Umgang mit dem Körper umgesetzt worden sind. Zen, Yoga, Tai chi u.a.m. werden nicht mehr nur im Zirkel der Eingeweihten betrieben, sondern finden über hiervon faszinierte Lehrer auch Eingang in die Schulen.

Zum Abschluß einige Überlegungen, wie die gesundheitserzieherischen Potentiale des Schulsports effektiver und intensiver als bisher genutzt werden könnten.
Am erfolgversprechendsten scheint mir, mit der zweiten Gruppe von „Bausteinen" zu beginnen und einen Kanon von gesundheitsbezogenen Kenntnissen, Einsichten und Fähigkeiten zusammenzustellen, der im Laufe der Schulzeit in Verbindung mit den durch die Richtlinien vorgegebenen sportmotorischen Lerninhalten zu vermitteln ist. Hierfür sollten Unterrichtsmaterialien zusammengestellt und dem Lehrer

zur Verfügung gestellt werden. Diese Materialien sollten in einem ersten Teil den Lehrer über den jeweiligen Sachverhalt informieren und in einem zweiten Teil Vorschläge machen, wie dieser Sachverhalt unterrichtlich vermittelt werden könnte. Dabei sollte die Idee des Spiralcurriculums wieder aufgegriffen werden. D.h. ein gesundheitlich bedeutsamer Sachverhalt im Sport, z.B. das Schwitzen, wird einmal in vereinfachter Form vielleicht im 4. Schuljahr angesprochen und dann noch einmal in differenzierterer und ausgeweiteter Form gegen Ende der Sekundarstufe I wieder aufgenommen. Eine nochmalige, jetzt wissenschaftspropädeutische Behandlung in der Sekundarstufe II ist damit nicht ausgeschlossen.

Parallel dazu sollte man selbstverständlich versuchen, bei möglichst vielen Lehrern dafür Verständnis zu wecken, daß diese „Bausteine" einer gesunden Lebensführung eines Fundaments bedürfen und daß es ihre Aufgabe sein muß, über partielle Aktionen hinaus die Schüler in grundlegender Weise für die Zusammenhänge zwischen sportlicher Betätigung und gesundheitlichem Wohlbefinden und für ein ganzheitliches Verständnis von Gesundheit überhaupt aufzuschließen. Ich hoffe ein wenig darauf, daß das Ernstnehmen der zweiten Gruppe von „Bausteinen" den Zugriff auf die fundamentalen „Bausteine" erleichtert. Über die „Bausteine" der dritten Stufe braucht dann kaum noch geredet zu werden; ihre Einbeziehung ist selbstverständlich.

Literatur:

BRODTMANN, D.,   Schulsport und Gesundheit. In: „sportpädagogik" 8 (1984), H. 6, S. 12–20.

FUNKE, J./ TREUTLEIN, G.,   Grundlagen der Körpererfahrung in traditionellen Sportarten. In: Treutlein, G./Funke J./Sperle, N. (Hrsg.), „Körpererfahrung in traditionellen Sportarten" Wuppertal: Putty 1986, S. 7–29.

HILDENBRANDT, E.,   Training im Sportunterricht. In: „sportpädagogik" 5 (1981), H. 5, S. 12–18.

SCHRICKER, G.,   Körperbewußtsein als grundlegende Dimension. In: „sportpädagogik" 8 (1984), H. 6, S. 12–23.

„Bewegungsmeditation". Schwerpunktheft der Zeitschrift „sportpädagogik" (Heft 1/86)

* Medizinische Aspekte

Prof. Dr. Horst de Marées

Bei der Betrachtung der Problematik soll nachfolgend weniger die sportmedizinische Begründung für die präventive Bedeutung des Schulsportes gegeben werden, sondern vielmehr sollen nach einer Reflexion über den Gesundheitsbegriff erkennbare Defizite im Gesamtkonzept der Gesundheitserziehung in und durch Schulsport zur Darstellung kommen. Bezüglich der sportmedizinischen Begründung präventiver Aspekte durch Sport und somit auch Schulsport sei auf das relativ aktuelle Ergebnis der öffentlichen Anhörung des Landtages von Nordrhein-Westfalen im Rahmen der 10. Sitzung des Sportausschusses zum Thema „Sport und Gesundheit – Prävention mit den Mitteln des Sportes" vom 26.05.1986 verwiesen, in dem unter anderen die Mediziner HOLLMANN, ILKER und NÜSSEL zu dieser Thematik ausführlich Stellung genommen haben.

Hinsichtlich der definitorischen Aspekte des Begriffes „Gesundheit" fällt zunächst eine verwirrende Vielfalt von Definitionsansätzen auf (Abb. 1), wobei – zugegebenermaßen nicht mit dem gebotenen Ernst – PETER BAMMS Definition „Gesundheit ist ein provisorischer Zustand, der nichts Gutes verspricht" erwähnt werden soll.

Es ist sicherlich nicht frei von Provokation, wenn man aus dem Munde eines Mediziners hört, daß Begriffe wie „gesund" und „krank" für das ärztliche Denken und Handeln weniger konstitutiv sind und für die praktische und wissenschaftliche Medizin wenig normative Bedeutung besitzen (HARTMANN 1958).

Im Rahmen der notwendigen Betrachtung des sattsam bekannten Begriffes der WHO, die „Gesundheit" als „Zustand des <u>vollständigen</u> körperlichen, geistigen und sozialen Wohlbefindens" definiert, ist zunächst auf eine Akzentverlagerung bei dem Betrachten des Wortes „Wohlbefinden" hinzuweisen. In der englisch gefaßten Definition wird primär der Ausdruck „well-being" verwendet, der sich als „Wohlsein" doch wohl mehr oder weniger deutlich vom „Wohlbefinden" absetzt. In den „Gesundheits- und sozialpolitischen Vorstellungen der deutschen Ärzteschaft" – beschlossen auf dem 89. deutschen Ärztetag 1986 in Hannover – wird ausgeführt, daß diese WHO-Definition in dieser universalen und totalen Form nicht Grundlage einer Ortsbestimmung der Gesundheitspolitik sein kann und folglich als irrealer Begriff abgelehnt wird.

Dieser definitorische Ansatz provoziert gesteigerte Gesundheitsansprüche in der heutigen Konsumgesellschaft und überfordert damit die Möglichkeiten der Medizin einerseits und belastet zusätzlich das Arzt-Patienten-Verhältnis (MAGNUS 1986).

Beim Versuch, das Problem komplementär anzugehen, hat man sich mit dem Begriff „Krankheit" auseinanderzusetzen.

„Krankheit" wird definiert als ein „regelwidriger körperlicher und geistiger Zustand, dessen Eintritt entweder die Notwendigkeit der Heilbehandlung des Versicherten oder lediglich seine Arbeitsunfähigkeit oder beides zur Folge hat" (FEDERHEN [1967] in Anlehnung an § 1246 RVO). Bei näherer Betrachtung ist auch diese Definition schwer praktikabel. Die eingeführten Begriffe „Regelwidrigkeit" und „Notwendigkeit der Heilbehandlung" sowie „Arbeitsunfähigkeit" führen zu einer Vielzahl von unlösbaren Sekundärproblemen, die sich mit der Normdefinition und deren Grenzüberschreitung sowie Definitionsvoraussetzungen für den Begriff „Krankheit" und letztlich auch mit der Arbeitswilligkeit als einem Aspekt der Arbeitsunfähigkeit befassen.

Wenn sich auch der Begriff „Gesundheit" zunächst einer akzeptablen, leicht handhabbaren Definition entzieht, so sind doch konstituierende Elemente der Gesundheit auszumachen (Abb. 2). Dazu zählen organische Schädigungen mit Funktionseinbußen ebenso wie die Fähigkeit zur Störungskompensation und deren Optimierung sowie nicht nur eine relative, sondern auch repetitive Belastbarkeit (Erholungsfähigkeit). Weiterhin sind die Effizienzsteigerung nach Belastungswiederholung, die die Nähe zur Trainierbarkeit und zur Kreuzanpassung enthält und letzlich das Freisein von erheblichen Einschränkungen des psychophysischen und sozialen Wohlbefindes zu nennen.

Gesundheit konstituiert sich somit auf dem Boden der epigenetischen Adaptation des Individuums und generiert deren Leistungsfähigkeit, die wiederum durch Training stabilisiert und quantitativ erweitert sowie durch die Alterungsprozesse und das Einwirken zusätzlicher Risikofaktoren eingeschränkt und sogar bedroht werden kann (Abb. 3 nach SCHEIBE, BRINGMANN und REINHOLD).

Somit wird es wohl verständlich, wenn die Vertreter der deutschen Ärzteschaft auf dem bereits zitierten 89. deutschen Ärztetag 1986 in Hannover die Gesundheit wie folgt definiert haben (Abb. 4): „Gesundheit ist die aus der personalen Einheit von subjektivem Wohlbefinden und objektiver Belastbarkeit erwachsende körperliche und seelische, individuelle und soziale Leistungsfähigkeit des Menschen."

So verstanden, wird Gesundheit zu einem wesentlichen Element der persönlichen Existenz des Menschen und nimmt unter dem Aspekt der freien Entfaltung der menschlichen Persönlichkeit nahezu Grundrecht-Charakter an. Daraus ergeben sich abgestufte Verantwortungsbereiche, die nach dem Subsidiaritätsprinzip einzuordnen sind. Im Vordergrund steht der persönliche Bereich, der, gefolgt von dem mitmenschlichen und letztlich staatspolitischen, das Spannungsfeld zwischen Individuum und Staat hinlänglich charakterisiert.

Daraus ergeben sich gleichzeitig Möglichkeiten zur Einflußnahme auf das Handeln und Verhalten der Bürger hinsichtlich ihrer Gesundheit. Auch hier lassen sich unter abnehmender Bedeutung die Bereiche Bildung, Aufklärung sowie Gesetzgebung aus Gründen des Schutzes und der Wahrung der Chancengleichheit nennen, organisatorische Aspekte und investive Überlegungen folgen.

Mit einer gewissen Selbstverständlichkeit wird bei der Betrachtung des Schulsportes das Objekt bwz. Subjekt des Schulsportes, das Kind, dem ja die Bemühungen gelten sollen, in eine sekundäre und passive Konsumentenrolle gedrängt. Es ist wohl nur schwer widerlegbar, daß unsere Gesellschaft keine Kinder mehr will. Im Jahre 1900 wurden nach einschlägigen Statistiken noch 393 Kinder pro 100 Ehen geboren. Die Vergleichszahl ging im Jahr 1972 auf 152 Kinder bei einem Sollwert von 225 Kindern unter dem Aspekt der Konstanz der Bevölkerungszahl zurück. Im Kontrast dazu steht die immer wieder gehörte Aussage, daß die Jugend Kinder will, es ihr aber nicht unerheblich schwer gemacht wird. Der indirekt einen erheblichen Zwang ausübende Lebensstandard unserer Gesellschaft wird vorrangig von Kinderlosen bestimmt und führt häufig zur Berufsarbeit der Frau und zur entsprechenden Doppelbelastung, die teilweise auch den sogenannten „Kinderschock" begründet. Nach dem ersten Kind reduziert sich der davor ausgeprägt bestehende Kinderwunsch der jungen Frau ganz erheblich.

Kinder sind uns darüber hinaus zum „Problem" geworden. Die stark theoriegeleitete Erziehung des Kindes in der Familie hat nach Aussagen des Pädiaters EVERSBERG aus Köln nicht ganz unerheblich zu einer gewissen Verunsicherung der Erziehenden beigetragen. Kinder und Eltern sind so betrachtet nicht nur Verwandte, sondern auch Fremde mit allen sich daraus ergebenden Konsequenzen von Erziehungslücken bis hin zur Akzeptanz der Eltern als temporäres Aggressionsobjekt für das Kind.

Diagnostizierbare Defizite und Fehlentwicklungen im Bereich der Gesundheitsbildung durch Schulsport lassen sich unter verschiedenen Aspekten betrachten (Abb. 5).

Im folgenden soll nur auf zwei Schwerpunkte – die Curricula im Schulfach Sport und die Qualifikation der Multiplikatoren im Bereich der schulischen Gesundheitsbildung – eingegangen werden. Die Richtlinien und Lehrpläne für den Sport in den Schulen im Lande Nordrhein-Westfalen vom 22.12.1980 führen im allgemeinen Teil aus, daß der Schulsport nicht nur die Gesundheit aller Schüler durch regelmäßiges Training fördern, sondern auch sportartbezogene Kenntnisse, Einsichten und Gewohnheiten ausbilden helfen soll, die eine gesunde Lebensführung stützen können. Betrachtet man die detaillierteren Angaben zu den einzelnen Lernbereichen, so stellt man einen eigentümlichen Kontrast zu den anspruchsvollen, umfassend formulierten Richtzielen fest. So befaßt sich erst der letzte von sechs Lernbereichen (Lerninhalte der gymnasialen Oberstufe, Band V der Richtlinien vom 22.12.1980/Abb. 6) mit dem Aspekt Sport und Gesundheit und nennt als Gegenstände: „Leistungssport für oder gegen die Gesundheit?", „Gesundheitliche Auswirkungen körperlicher Belastung in verschiedenen Lebensaltern", „Sportverletzungen – ihre Verhütung und Erste Hilfe". Auch die Materialien zum Thema sind unter sportmedizinischem Aspekt optimierbar. Die Diskrepanz zwischen den qualitativen Richtzielvorgaben und den quantitativen Ausführungsrichtlinien in Form von Lerninhalten ist curricular offensichtlich.

Unter dem Aspekt der Lehrer als Multiplikatoren im Bereich der Gesundheitserziehung seien erste Analysen der Hamburger Schülerstudie – gefördert vom Bund und der Gesundheitsbehörde der Stadt Hamburg – referiert (Abb. 7). Nach diesen ersten Resultaten wird zwar die Einbeziehung der eigenen Person des Lehrers im Rahmen der Gesundheitserziehung für notwendig erachtet, jedoch sind eine Reihe von Kollegen dazu nicht bereit. Des weiteren erwarten die Lehrer „Patentrezepte" zur Gesundheitserziehung und verwenden häufig altbekannte, unter Umständen didaktisch nicht geeignete Unterrichtsmaterialien, wie ältere Dia-Serien, so daß sich relativ deutlich eine Differenz zwischen Anspruch und Realität (sogenannte Ist-Sollwert-Problematik) ergibt. Diese daraus ableitbaren Mängel in der Motivierbarkeit der Lehrer sind auch bei der Betrachtung der Sicherheitsaspekte im Schulsport nicht ohne Bedeutung. So ist es nicht von der Hand zu weisen, daß der Anstieg der Schulsportunfälle – 1974: 23 ‰ pro Jahr, 1984: 51 ‰ pro Jahr – auch dadurch mitverursacht wird. Der unzureichende Kenntnisstand der Sportlehrkräfte trägt mit dazu bei, daß Mängel an den Sportanlagen und am Sportgerät nur zögernd beseitigt werden, so daß sich – wie es sich an den schulsportlich genutzten Anlagen deutscher Großstädte (NICKEL, WEHMEYER, de MARÉES, ULMER) nachweisen läßt – die Sicherheitsabstände bei den Spielfeldmarkierungen, fehlende Torsicherungen und unzureichend ausgestattete Verbandskästen bemängeln lassen. Die Problematik setzt sich aber über die Schulsportanlagen hinaus fort und betrifft auch die Klassenzimmer und dort insbesondere die Tisch-Stuhl-Kombination am Arbeitsplatz des Schülers. Die DIN 68 970 empfiehlt bestimmte Tisch- und Stuhlhöhen für Schüler mit unterschiedlicher Körperlänge. Auch hier ergeben entsprechende Untersuchungen, daß insbesondere längere Schüler an zu kleinen Tischen und Stühlen unterrichtet werden. Die entsprechenden Gefahren für die Körperhaltung der Schüler liegen auf der Hand (Abb. 8).

Um diesen Zustand zu verbessern, müssen nicht nur entsprechende ministeriell induzierte Maßnahmen im Bereich der Sportlehrerweiterbildung mit stärker obligatorischem Charakter durchgeführt werden, sondern auch die Probleme der Gesundheitserziehung, und damit auch der Generierung eines stärker ausgeprägten Sicherheitsbewußtseins angehender Sportlehrer, in deren Ausbildung obligat aufgenommen werden. Der Deutsche Sportärztebund hat bereits am 01.05.1982 auf der Basis der Vorgaben der Arbeitsgemeinschaft der Hochschullehrer für Sportmedizin einen Ausbildungskatalog „Sportmedizin" für angehende Sportlehrkräfte verabschiedet. Unter gesundheitlichem Aspekt sind insbesondere die in Abb. 9 aufgeführten Lerninhalte relevant. Im Vordergrund dabei stehen Themenkomplexe wie die Bewegungsmangelkrankheiten, das Training unter präventivem Aspekt, der Einfluß des psychophysischen Stresses auf den Schüler, Probleme des Arbeitsplatzes des Schülers und der Hygiene im Schulsport. Außerdem sind Themen verankert, die sich mit der Ersten Hilfe bei Sportverletzungen befassen und die Freistellung vom Schulsport ebenso betreffen wie das Schulsonderturnen (kompensatorischer Sportunterricht). Da analoge Inhalte auch für eine geplante sportmedizinische Ausbildung der angehenden Ärzte vorgesehen sind, lassen sich mit diesen curricularen Voraussetzungen erhebliche Verbesserungen der Gesundheitserziehung angehender Sportlehrer und hoffentlich auch damit der Schüler initiieren. Es bleibt zu hoffen, daß auch die dafür verantwortlichen Mitarbeiter der Ministerien die dargelegten Defizite kontinuierlich verkleinern und damit das ihrige zur Verbesserung der Situation beitragen.

(Literatur beim Verfasser)

"Gesundheit ist kein Besitz, sondern eine stete seelisch-körperliche Aufgabe."

H. REINDELL und H. ROSKAMM

"Gesundheit ist die Fähigkeit, trotz eines gewissen Maßes an Mängeln, Störungen, Schäden – leben, arbeiten, genießen und zufrieden sein zu können."

AFFERMANN

"Gesundheitliche Kompetenz: – die sich entwickelnde Fähigkeit, sich aus eigener Kraft gesund zu erhalten, autonom zu funktionieren, zu wachsen und zu gedeihen."

WHITE

"Gesundheit ist eine individuell psycho-physische Leistung in der Lebenswirklichkeit."

M. FRANCKE

"Gesundheit ist ein provisorischer Zustand, der nichts Gutes verspricht."

P. BAMM

"Gesundheit ist ein Zustand des umfassenden körperlichen, geistigen und sozialen Wohlbefindens und nicht lediglich das Freisein von Krankheit und Schwäche."

WHO

"Gesundheit ist das funktionelle Optimum des lebenden Systems in der Totalität seiner aktiven und reaktiven Lebensäußerungen."

LÖTHER

Die Komplexität des Gesundheitsbegriffes: Definitionsansätze (nach BINKOWSKI/FISCHER)

Gesundheit ist ein "Zustand der Homöostase, des dynamischen Gleichgewichts der Stoffe, Formen und Funktionen des Organismus in Relation zu den Anforderungen der Umwelt".

H. MELLEROWICZ

"Gesundheit ist kein Zustand, sondern ein ständiger Prozeß der Eigenverantwortlichkeit."

Pressemeldung

"Gesundheit ist der Zustand des Erwünschten, ein Zustand, in dem man dauernd vom Körper möglichst wenig, abgesehen vom lustvollen Daseinsgefühl merkt."

JASPERS

"Gesund ist ein Mensch, der sich so viel und oft bewegen kann, wie er will."

WINTON und BAYLESS

"Gesundheit ist unser höchstes Gut, aber auch eines der teuersten."

Pressemeldung

Abb. 1

Konstituierende Elemente zum Begriff G e s u n d h e i t :

... Freisein von organischen Schädigungen mit Funktionseinbußen

... Fehlen von beeinflußbaren und vermeidbaren Risikofaktoren

... Fähigkeit zur Störungskompensation und deren Optimierung

... relative Belastbarkeit

... repetitive Belastbarkeit (Erholungsfähigkeit)

... Effizienzsteigerung nach Belastungswiederholung (Trainierbarkeit und Kreuzadaptation)

... keine erheblichen Einschränkungen des psychophysischen und sozialen Wohlbefindens

Abb. 2

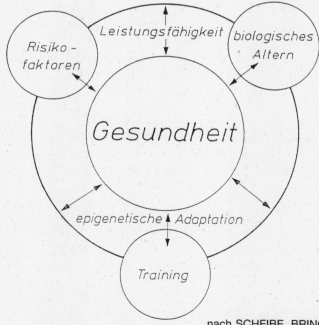

Abb. 3

nach SCHEIBE, BRINGMANN
u. REINHOLD

G E S U N D H E I T ist die aus der personalen Einheit von
subjektivem Wohlbefinden und
objektiver Belastbarkeit erwachsende
körperliche und
seelische,
individuelle und
soziale
L e i s t u n g s f ä h i g k e i t der Menschen.

(89. Deutscher Ärztetag 1986 in Hannover)

Abb. 4

Diagnostizierbare Defizite und Fehlentwicklungen
im Bereich der G e s u n d h e i t s b i l d u n g

... „Gesetzgebung vor Bildung" am Beispiel der Curricula „Sport"
... „deskriptive Aufklärung vor Verhaltenstraining" im schulischen Bereich
... makroökologische Verhältnisprävention mit marginalem
          mikroökologischem Aspekt
... „Kosten-Nutzen-Relation" vor „Persönlichkeitsentfaltung" als
          Begründung für Verhaltensprävention
... Zeitpunkt verhaltensedukativer Maßnahmen im Bildungsbereich
... Alibicharakter von Gesundheitserziehung im Biologieunterricht
... Qualifikation der Multiplikatoren im Bereich der
          schulischen Gesundheitsbildung
... Prolongation der Modellmaßnahmen-Strategie – Koordinationsprobleme
... didaktische Probleme bei den Materialien zur Gesundheitserziehung

Abb. 5

Richtlinien und Lehrpläne für den Sport in den Schulen im Lande NRW

Gymnasiale Oberstufe, Band V
2. Lerninhalte:
Lernbereich II a (Biomech./Bewegungsl.)

    1. _____

    2. _____

Lernbereich II b (Tr. theor./Sportbiol.)

    3. _____

    4. _____

    5. _____

    6. _____   Sport und Gesundheit
    Gegenstände:
    – Leistungssport für oder
      gegen die Gesundheit?
    – Gesundheitliche Auswirkungen
      körperlicher Belastung in
      verschiedenen Lebensaltern
    – Sportverletzungen – ihre Verhütung
      und Erste Hilfe

Materialien zum Thema . . . .

Abb. 6

Qualifikation der Multiplikatoren (Lehrer)
im Bereich der Gesundheitserziehung
– Erfahrungen im Bereich der Hamburger Schülerstudie

. . . Einbeziehung der eigenen Person (z.B. für Modellernen) wird für notwendig erachtet, aber einige Koll. sind dazu nicht bereit

. . . Lehrer erwarten „Patentrezepte" zur Gesundheitserziehung

. . . Diskrepanz zwischen Kenntnisnahme der Inhalte und Umsetzung im Unterricht
        . . . Eigenmotivationsproblematik

. . . altbekannte, u.U. didaktisch nicht geeignete Unterrichtsmaterialien (Diaserien) werden oft weiterhin verwendet

. . . Differenz zwischen Anspruch und Realität („Ist-Sollwert-Problematik")

(KRASEMANN, LEWERENZ [1986])

Abb. 7

	Vergleich des Mobiliar-Ist-Bestandes einer einzelnen Schule mit einem Sollwert		

Möbelgröße	Istbestand ^{n}Ist	Sollbestand ^{n}Soll	Differenz ^{n}Ist$-^n$Soll
Stühle			
135	5	23	− 18
150	312	201	+ 111
165	247	344	− 97
180	23	113	− 90
Tische			
135	5	12	− 7
150	158	101	+ 57
165	120	172	− 52
180	12	67	− 55

Abb. 8

AUSBILDUNGSKATALOG

Sportmedizin für angehende Sportlehrkräfte
– gesundheitl. Aspekte –

Lerninhalte: ... Bewegungsmangelkrankheiten und Übertraining (3.7)
... Training unter präventivem Aspekt – Gesundheitseffekte (3.7)
... Sportarten und Verletzungsrisiko (3.9)
... Einfluß von psychophysischem Streß (3.18)
... Arbeitsplatz des Schülers und Leistungsoptimierung (3.19)
... Hygiene im Schulsport (3.20)
... Prophylaxe bei Schulunfällen (3.21)
... Prävention und Rehabilitation (3.22)
... Erste Hilfe bei Sportverletzungen (3.23)
... Gesundheitl. Ziele des Schulsports (3.25)
... Freistellung vom Sportunterricht (3.25)
... Schulsonderturnen (3.26)

DSÄB e.V. 1.5.1982

Abb. 9

* Soziale Aspekte'

Prof. Dr. Volker Rittner

In allen entwickelten Industriegesellschaften steigen die Aufwendungen für das Gesundheitssystem; zugleich läßt sich ein Anstieg der chronisch-degenerativen Krankheiten beobachten, also jener Krankheiten, die auf eine komplizierte und langwierige Ätiologie zurückgehen. Mit dem üblichen Hinweis, daß medizinische Standesinteressen, ein mangelnder Wettbewerb in der pharmazeutischen Industrie und eine apparat-intensive Hochleistungsmedizin die Kosten hochtreiben würden und daß eine verbesserte und verfeinerte Diagnostik die Krankheiten „vermehrt", können die Phänomene systematisch steigender Kosten im Gesundheitsbereich und eines gewandelten Krankheitspanoramas nicht befriedigend erklärt werden. Man bekommt erst dann einen zureichenden Begriff von einem veränderten Verhältnis von Gesellschaft und Krankheit, wenn man die Bedeutung sozialer Faktoren und Strukturen in Rechnung stellt. Im Begriff der Zivilisationskrankheiten klingt bereits die Diagnose an, daß in der Ätiologie der chronisch-degenerativen Krankheiten soziale Faktoren an der Krankheitsgenese beteiligt sind. Die mittlerweile erfolgreich operierenden Disziplinen der Sozialmedizin und Sozialepidemiologie wie auch Medizinsoziologie und Medizinpsychologie liefern hinreichend viele Belege dafür. Viele gleichsam „moderne" Krankheiten entstehen auf der Basis eines prekären Zusammenhangs von psychischen und sozialen wie somatischen Faktoren in den modernen Industriegesellschaften. Benannt sind zugleich Probleme und Nöte wie auch die Notwendigkeit der Gesundheitsaufklärung. Sie hat allen Grund, die Bedeutung der sozialen Faktoren bei ihrer Arbeitsweise zu berücksichtigen. Ihr Erfolg steht und fällt mit der Fähigkeit, Aspekte einer Soziogenese der modernen Zivilisationskrankheiten aufzugreifen und in den Maßnahmen zu berücksichtigen. Einige Anmerkungen mögen dies skizzieren.

Über die gesundheitsschädigenden Wirkungen des Rauchens kann kein Zweifel bestehen; mit der Anzahl der gerauchten Zigaretten steigt linear das Erkrankungsrisiko bzw. die Gefahr von Lungenkrebs oder eines Herzinfarktes. Rauchen dient aber zugleich dem psychischen Spannungsausgleich; die Zigarettenpause schafft Möglichkeiten der inneren Sammlung und des Abstands. Außerdem erfüllt das Rauchen Normen sozialer Darstellung und Selbstidentifikation. Ein in diesem Sinne instruktives Phänomen der letzten Jahre ist das verstärkte Rauchen von Frauen, das allem Anschein nach mit gewissen Emanzipationsvorstellungen und einem erhöhten Selbstbewußtsein einhergeht. Damit scheint zu korrespondieren, daß es eine veränderte Morbiditätsstruktur gibt, insbesondere bei jüngeren Frauen. Würde man nur vom Risikofaktor Rauchen als isoliertem Verhaltensakt ausgehen, so bliebe die Diagnose völlig unzureichend. Die tieferen Gründe des gesundheitsschädlichen Verhaltens sind psychischer und sozialer Natur. Mit dem Rauchen wird gewissermaßen die soziale Dimension inhaliert. Das Beispiel zeigt darüber hinaus, daß das gesundheitsschädigende Verhalten alltäglich und normal, wenn nicht attraktiv ist. Nicht zufällig wird in der Werbung der Genuß betont. Ähnliches läßt sich im Bereich problematischer Eß- und Trinkgewohnheiten sagen. Auch hier sind soziale Faktoren die tieferen Ursachen. Außer, daß Essen und Trinken ebenfalls dem Spannungsausgleich dienen („Kummerspeck"), haben sie noch deutlicher die Funktionen sozialer Katalysatoren. Essen und Trinken werden zumeist in Geselligkeit genossen. Häufig erscheinen sie als Formen der Pflege von Geselligkeit, oder sie ermöglichen überhaupt erst Geselligkeit („einen trinken gehen", „Arbeitsessen" etc.). Die Alltäglichkeit gesundheitsproblematischen Verhaltens bekommt durch tiefwurzelnde Traditionen in den Ernährungsgewohnheiten zusätzliche Stützen und Ankerpunkte. Damit korrespondiert, daß die verschiedenen soziokulturellen Milieus ihre Mitglieder mit vermeintlich guten Gründen für ihr Verhalten versorgen.

Die sozialen Faktoren arbeiten in bestimmten Fällen buchstäblich pathogen, dies zeigt sich, wenn man Ergebnisse der sozialwissenschaftlichen Streßforschung aufgreift. Sie machen plausibel, daß bestimmte, durch langwierige Erziehungs- und Sozialisationsprozesse bedingte Eigenschaften und Haltungen für die Personen verhängnisvoll sein können; in der Herzinfarktforschung spricht man in diesem Sinne von der Koronarpersönlichkeit. Darüber hinaus existieren häufig genug ungünstige Zusammenhänge von beruflichen Anforderungen und Persönlichkeitsstrukturen; in diesem Fall kann die Art der Beziehung fatal werden, selbst wenn die individuellen Eigenschaften nicht von vornherein ungünstige Züge aufweisen. Daß viele Menschen über keine hinreichenden Entspannungsmöglichkeiten verfügen, daß überhaupt das Wissen über die Möglichkeiten der Gesunderhaltung eher rar ist, komplettiert die Liste der Probleme. Sieht man sich die Ätiologie der koronaren Herzkrankheiten genauer an, so finden sich unterschiedliche Wechselwirkungen von psychischen, sozialen und somatischen Faktoren, eine Kombinatorik, die durch die Differenzierung der Sozialstruktur und den beschleunigten sozialen Wandel immens erweitert worden ist. Für die Gesundheitserziehung kann dies nur heißen, daß sie mit ihren Maßnahmen frühzeitig ansetzen muß und daß sie vor allen Dingen Verhaltenswirksamkeit anzustreben hat. Wichtigste Bedingung ihres Erfolges ist, daß Elemente des Gesundheitsverhaltens rechtzeitig selbstverständlich werden. Die Werbung mit Gesundheit allein bleibt zu abstrakt. Benötigt wird ein kräftiges, in die Lebensstile eindringendes, attraktives Medium zum Aufbau von Gesundheitsverhalten und Transport des Wissens. Dies macht den Sport interessant. Sind die Eigenschaften erst einmal gefestigt, und haben sich Merkmale von Risikopersonen wie Risikomilieus ausgebildet und sind sie zur Struktur geworden, so prallen die Maßnahmen ab. Sie kommen buchstäblich zu spät.

Eine für Maßnahmen der Gesundheitserziehung ausschlaggebende Erkenntnis ist, daß körperbezogene Einstellungen und das Wissen sowie die Lebensformen der Individuen eine gesteigerte Bedeutung für die Gesundheit der Individuen haben. Von ihnen hängt ab, wie die Person-Umwelt-Verhältnisse eingerichtet werden, und wie man mit seinem Körper umgeht. Aber gerade in diesem Bereich sind die Maßstäbe unsicher geworden. Verblaßt sind traditionelle Lebensformen mit ihrer Körperregulierung. Alarmierend für die Gesundheitserziehung ist eine doppelte Erkenntnis: der Gesundheitsstatus ist mehr denn je in die Verantwortung der Individuen gelegt (was die Hoffnung auf Aufklärung begründet); zugleich zeigt sich, daß die Möglichkeiten individueller Gesundheitssicherung völlig unzureichend genutzt werden. Tatsächlich variiert das Verhalten außerordentlich stark und es ergeben sich höchst unterschiedliche Gesundheits-Bilanzen.

So ist es nicht gleichgültig, welche Vorstellungen ein Mensch von sich selbst hat und über welche Arbeitseinstellungen er verfügt. Von Gesundheitsbelang ist, wie die sozialen Bezüge geregelt sind und wie die Arbeits- und Freizeitsphäre aufeinander abgestimmt sind. In den sozialen Schichten sind diese Fähigkeiten unterschiedlich verteilt. Mittlerweile ist eine Betrachtung üblich geworden, die von den persönlichen Ressourcen zur Gesundheitserhaltung bzw. Krankheitsbewältigung bei den Individuen ausgeht; in ähnlicher Weise kann man auch Dispositionen für gesundheitsschädigendes Verhalten identifizieren, die keineswegs mit Rauchen oder übermäßigem Trinken korrelieren müssen. In diesem Fall ist die Beteiligung sozialer Faktoren am gesundheitsschädlichen Verhalten noch komplizierter. Die in der sozialwissenschaftlichen Herzinfarktforschung prominent gewordene „Verhaltens-Typ-A-Forschung" geht von der Beobachtung aus, daß typische Verhaltensmuster des „hard driving" die Wahrscheinlichkeit von psychischem und physischem Überaufwand (von Streß) steigern und damit fatale Verausgabungs-Bilanzen bedingen. Die Gefahr eines Infarktes erhöht sich. Die pathogenen sozialen Faktoren nisten demnach in der Biographie. Unschwer ist die Einsicht, daß auf derartige Weise gewonnene Eigenschaften, die Teil der Persönlichkeitsstruktur wurden, gegenüber Maßnahmen der Gesundheitsaufklärung nahezu immun sind. Und auch in diesem Fall beweisen soziale Stereotype und Überzeugungen eine fatale Leistungsfähigkeit, die über diese Zusammenhänge hinausgeht; sie rationalisieren das gesundheitsschädigende Verhalten. So ist der Befund aufschlußreich, daß in den verschiedenen sozialen Schichten unterschiedliche Legitimationsformeln für das gesundheitsschädigende Verhalten existieren. Sie machen der Gesundheitsaufklärung die Aufgabe zusätzlich schwer und nötigen zur Differenzierung.

Auch der Umstand, daß in den meisten Berufssparten die körperliche Arbeit minimiert worden ist, und daß der Körper immer weniger Bedeutung in der Berufsarbeit hat, ist aufschlußreich für gewachsene Probleme im Gesundheitsbereich. Die Individuen sind unsicher in ihrem Körper-Selbst-Verhältnis geworden. Die Freigabe des Körpers, d.h. seine Herausnahme aus dauerhaften Verwendungszwängen, eröffnet vielerlei Formen eines willkürlichen Umgangs mit ihm. Krankheitssymptome werden häufig verdrängt oder gewöhnliche Symptome werden, so der Fall bei den funktionellen Krankheiten, übersteigert wahrgenommen; Belastungen sind unphysiologisch, sei es, daß sie zu niedrig, zu einseitig oder zu hoch sind. Erkenntnisse über eine angemessene Körperpflege und Körperertüchtigung sind wenig verbreitet. Weil die soziale Struktur nicht mehr selbst für die Inanspruchnahme des Körpers sorgt, werden die Beziehungen der Menschen zu ihrem Körper willkürlich und häufig prekär. Aus dem Gesagten erhellt, warum Bewegungsarmut als weiterer Risikofaktor angesehen werden kann; zumindest aber liegt es auf der Hand, daß unzulängliches Wissen über den Körper gesundheitsriskante Verhaltensweisen wahrscheinlich macht. Der Umgang mit dem eigenen Körper ist nicht mehr selbstverständlich.

Weil die gesundheitsschädigenden Verhaltensweisen vielfältige psychische und soziale Funktionen erfüllen und damit dem Erhalt von Persönlichkeits- und Sozialstrukturen dienen, haben sie ihre spezifische Logik und Beständigkeit. Dies macht ihre Brisanz aus. Sie sind lebensstilbedeutsam, zäh und deshalb schwer zu beeinflussen. Ihre Alltäglichkeit drückt sich nicht zuletzt auch statistisch aus. Die Morbiditäts- und Mortalitätslasten der fortgeschrittenen Industriegesellschaften gehen zum überwiegenden Teil auf das Konto der chronisch-degenerativen Krankheiten, die einen Wandel des Krankheitspanoramas erzwungen haben. Auch wenn man die dramatische Formal von einer „Physiopathologie des Sozialen" (SCHAEFER) nicht aufgreift, so kann kein Zweifel an der Mitwirkung sozialer Faktoren in der Ätiologie der Zivilisationskrankheiten bestehen. Der Alltag und die Alltagskultur selbst generieren die gesundheitsschädigenden Anlässe und stabilisieren sie zugleich. Verständlich wird der Bedingungsrahmen eines veränderten Gesundheitssystems mit seinen Dauerproblemen.

Die Aufwendungen für den Gesundheitssektor lassen sich nicht zuletzt auch deshalb kaum stoppen, weil die Lebensformen selbst in komplizierter Weise Gesundheits- oder auch Krankheitspolitik betreiben. Ein beschleunigter sozialer Wandel hat seine psychischen und sozialen Kosten. Aus den skizzierten Ursachen heraus wird auch die Popularität der Streß-Begrifflichkeit in der Alltagskultur verständlich. Streß, so auch die individuelle Wahrnehmung vieler Menschen, erscheint als Maß für prekäre Beziehungen der Individuen zu ihrer relevanten Umwelt. Zugleich sind Streß-Wahrnehmungen und die Bereitschaft, diese Kategorie aufzugreifen, ein Maß dafür, daß die Person-Umwelt-Beziehungen labiler und störanfälliger geworden sind. Das Verhältnis von Person und Umwelt, aber auch das Verhältnis der Menschen zu ihrem Körper muß von ihnen selbst bei schwankenden Maßstäben eingerichtet werden. Nicht selten ergeben sich Fehljustierungen.

Soziale Netzwerke und Gesundheit

Für die Zwecke der Gesundheitserziehung instruktiv ist, daß die Bedeutung sozialer Faktoren für die Phänomene Krankheit und Gesundheit auch aus einer weniger beklemmenden Perspektive hervorgeht. Sie stellt den Bezug zum Sport her. Wo sich die Krankheiten vermehren und Gesundheit gleichsam knapp wird (so auch ein kollektives Empfinden), konnte nicht zufällig eine Forschungsrichtung aufblühen, die von den sozialen Bedingungen der Gesundheitssicherung – also der Nichtselbstverständlichkeit von Gesundheit – ausgeht. Dies ist der Fall bei der Social-support-Forschung, die mit einer Vielzahl beherzigenswerter Ergebnisse aufwartet. Eine sich auf die Physis erstreckende Auswirkung sozialer Determinanten zeigt sich höchst eindrucksvoll anhand positiver Beispiele.

Eine gute emotionale Integration in Primärgruppen hat Gesundheitsrelevanz; befriedigende soziale Kontakte, vor allem die Verfügbarkeit von weitgespannten sozialen Netzwerken, variieren mit geringeren Krankheitsepisoden. So wie man von einer Soziogenese von Krankheiten ausgehen muß, so kann man, im direkten Vergleich dazu, von Bedingungen der Salutogenese sprechen, von einem gesundheitsprotektiven Einfluß sozialer Faktoren und Strukturen. Tatsächlich existiert in Parallele zu einem biologisch wirksamen Immunschutz eine Art psycho-sozialer Immunschutz. Begreift man dies und bedenkt man darüber hinaus die Alltäglichkeit und Normalität gesundheitsriskanten Verhaltens, so erscheinen die psychosozialen Leistungen des Sports, wie sie ihm traditionell zugesprochen werden, in einem besonderen Licht. Er ermöglicht in einzigartiger Weise gesundheitsfördernde oder gesundheitsstabilisierende soziale Kontakte; seine Netzwerk-Produktivität ist notorisch bekannt. Das Empfinden wird über Wohlbefinden codiert. Im Begriff der Sportfreundschaft erscheint das Moment einer erleichterten sozialen Kontaktaufnahme; in den Freiwilligen-Organisationen der Vereine und in den Varianten der Vereinsgeselligkeit dokumentiert sich die Stabilität von auf Sport gründenden sozialen Beziehungen.

Im Zusammenhang damit scheint zu stehen, daß sich sportaktive Personen in auffälliger Weise einen besseren Gesundheits-Status attestieren. Dies gilt allemal für Gesunde, gleich welchen Alters und welchen Geschlechts; die gesteigerte Gesundheitszuschreibung gilt aber auch im prekären Fall des Rehabilitationssports. Selbst in der schwierigen Situation totaler Institutionen hat sie Bedeutung; auch Gefängnisinsassen unterscheiden sich im wahrgenommenen Gesundheitsstatus nach dem Kriterium der Sportaktivität bzw. Sportabstinenz. Zahlreiche empirische Forschungsergebnisse im Bereich allgemeiner Gesundheitszuschreibungen – sie finden sich nicht zuletzt als öffentliches Gemeingut des „Sport ist gesund" – lassen sich besser einordnen. Sie werden unter dem Aspekt der Netzwerkleistungen des Sports verständlich. Für die ehrgeizigen Maßnahmen der Gesundheitsaufklärung und Erziehung ist dies ein bedeutsamer Umstand, den sie nicht aus den Augen verlieren darf.

Auch wennn die durch Sport vermittelten Gesundheitszuweisungen eine Reihe von Problemen hinsichtlich einer real vermittelten „besseren Gesundheit" aufwerfen, so läßt sich doch ein Wirkungszusammenhang im Sinne der Salutogenese begründet vermuten. Eine über Sport vermittelte bessere emotionale und soziale Integration der Individuen erleichtert die Ausbalancierung des Person-Umwelt-Verhältnisses. Nicht zufällig sind Entspannung und Abwechslung wie der empfundene Genuß sozialer Kontakte in den obersten Rängen der Sportmotivation und des Sporterlebens zu finden. Über Sport ergeben sich allem Anschein nach in günstiger Weise Funktionen von „information support", und „emotional support". Für die Gesundheitserziehung hat dies die Konsequenz, daß ihr zunächst daran gelegen sein muß, Sportaktivitäten und Sportbindungen zu fördern und zu stabilisieren. Auch wenn damit keineswegs automatisch hinreichende Bedingungen für tatsächliches Gesundheitsverhalten gegeben sind, so ist doch eine wichtige Voraussetzung für die Rezeption gesundheitsbezogenen Wissens gewährleistet. Der strategische Wert des Mediums Sport bekommt deutlichere Konturen. Mit einem alltagsbezogenen und populären Medium findet man leichter Zugang zu den Perspektiven der Menschen; gegenüber den Einstellungs- und Wissenskomplexen gesundheitsschädigenden Verhaltens besteht eine günstigere Ausgangslage und kann die Konkurrenz besser bestritten werden. Darüber hinaus besteht die Chance, daß die Sportaktivitäten selbst lebensstilbedeutsam werden, d. h. Systeme von sport- und körperbezogenen Handlungen begründen. Damit wachsen systematisch die Chancen eines bewußten Gesundheitsverhaltens.

Lebensstil und Gesundheitsaufklärung

Für die Zwecke der Gesundheitserziehung ist die Erkenntnis maßgeblich, daß dem gesundheitsschädigenden Verhalten in den entwickelten Industriegesellschaften eine gewisse Alltäglichkeit und Normalität anhaftet. Zu konstatieren ist, daß immer mehr Menschen im Umgang mit ihrem Körper scheitern. Dies geschieht, obwohl – so regelmäßig die Ergebnisse von Meinungsbefragungen – Gesundheit als „höchstes Gut" gilt, obwohl die Bevölkerung einem Dauer-Einfluß von Maßnahmen der Gesundheitsaufklärung ausgesetzt ist, und obwohl man in der sozialen Lebenswelt eine Popularisierung von Gesundheitswissen ohnegleichen konstatieren kann. Das Nachdenken über Möglichkeiten der Gesundheitserziehung muß notwendig ein Nachdenken über die veränderten Bedingungen der Gesundheitserhaltung und die Schwierigkeiten geeigneter Maßnahmen der Gesundheitserziehung beinhalten. Dies rückt die Kategorie „Lebensstil" in den Vordergrund.

Lebensstile bzw. soziale Milieus sind die „soziale Einheit" bzw. die Vermittlungsinstanz, in denen sich sowohl gesundheitsschädliches oder auch wünschenswertes gesundheitsprotektives Verhalten formiert. Die in den Industriegesellschaften divergierenden Lebensstile sind die entscheidende Größe, die über die Aufnahme bzw. Abwehr gesundheitsrelevanter Informationen befindet. Sie arbeiten als Motoren und Regulatoren alltagsbezogenen Verhaltens. Will man Informationen gegen die Alltäglichkeit und die soziale Funktionalität gesundheits-problematischer Verhaltensweisen durchsetzen, so muß der Entstehungs- und Gestaltungsort alltäglichen Verhaltens spezifisch berücksichtigt werden. Die Lebensstile und Milieus stehen zwischen Aufklärungsabsicht und Lebenswelt. Gerade im Fall körperbezogener Interessen und Verhaltensweisen erreicht man die Perspektiven der Menschen nicht direkt und unvermittelt; auch das Wort Gesundheit öffnet nicht die Türen. Die Lebensstile und die Logik sozio-kultureller Milieus sind das Nadelöhr, durch das sich die Maßnahmen und Informationen hindurchquälen müssen. Viele in der Vergangenheit gescheiterte Gesundheitskampagnen verdeutlichen die mit einer Mißachtung dieses Umstands verbundenen Strafen. Eine zu rationale und vor allen Dingen gegenüber den konkreten Lebensbedingungen abstrakt bleibende Vorgehensweise verpufft wirkungslos. Die Informationen und Ratschläge finden keine Rezeptoren und bleiben unwirksam. Das Alltagsleben und die Notwendigkeiten individueller Selbstbehauptung sind gegen die äußeren Einflüsse immunisiert.

Sport als gesundheitsrelevantes Medium

Sport ist ohne körperliche Anstrengungen, d.h. ohne Körperbezug kaum auszuüben; sportliche Aktivitäten sind alltäglich und populär. Das Einlassen auf den Körper bindet zumindest ein Minimum an körperbezogenem Wissen; die physiologischen Anstrengungen dirigieren die Aufmerksamkeit. Spezifisch für das Sporterleben ist darüber hinaus die wahrgenommene Entlastung von üblichen Selbstdarstellungszwängen; bei Kindern und Jugendlichen wird eher vom „Austoben", aber auch nicht selten von Entspannung gesprochen; bei erwachsenen Sportlern findet die Entlastungswahrnehmung in Konzepten der Streßreduktion, der Entspannung und Erholung ihren expliziten Ausdruck.

Bedenkt man die soziogenetischen Voraussetzungen gesundheitsschädigenden Verhaltens, so leuchten denkbare gesundheitsprotektive Potenzen des Sports ein. Eher verwunderlich muß erscheinen, daß sie bislang kaum systematisch erschlossen und gepflegt worden sind. Über Sport kann Gesundheitswissen in das alltägliche Verhalten injiziert werden. Was sonst eine von der Gesundheitserziehung kaum zu übersteigende Barriere ist, das Problem, Wissen verhaltensrelevant zu machen, hat angesichts der Popularität und Selbstverständlichkeit des Mediums gewisse Erfolgschancen. Sport drängt auf Praxis. Gleichsam gratis transportiert das Medium die Botschaften; die vielen gesundheitsbezogenen Rezeptoren des Mediums bedürfen allerdings entsprechender Impulse, damit sie wirksam werden. Angesichts der Alltäglichkeit pathogener Verhaltensstile wäre es sträflich, wenn die Möglichkeiten des Mediums Sport weiterhin unteroptimal genutzt werden oder gar unentdeckt blieben. Zu bedenken bleibt allerdings, daß die Nutzung des Sports für die Zwecke der Gesundheitserziehung keineswegs ganz umstandslos erfolgen kann. Dies gilt gerade für die Gesundheitserziehung im Sportunterricht.

Grenzen des Sportunterrichts

Will man den Sportunterricht stärker und systematischer für die Gesundheitserziehung nutzen, so ergeben sich einige Probleme. Bleiben sie unbeachtet, so strapazieren sie das Medium mit seinen Möglichkeiten über Gebühr.

Zunächst gilt es, spezifische Ausgangsbedingungen des Gesundheits- und Körpererlebens bei Kindern und Jugendlichen zu berücksichtigen, die nicht von vornherein gesundheitserziehungsgünstig sind. Zwar interessieren sich Kinder und Jugendliche für Kenntnisse, wie man Krankheiten vermeiden kann und was man zur Versorgung einer Verletzung zu tun hat; aber dies hat enge Grenzen. Es gibt differenzierte Interessen im Bereich der Gesundheitssicherung, die altersspezifisch und geschlechtsspezifisch variieren; bemerkenswert gering ist in dieser Phase der schichtspezifische Einfluß. Auf der anderen Seite zeigt die positive Einschätzung der eigenen Gesundheit eine hohe Konstanz; dem entspricht, daß die subjektiv wahrgenommene eigene Gesundheit den Schülern geringe bis keine Sorgen bereitet; es gibt keine Gesundheitsbesorgtheit oder gar -ängstlichkeit im engeren Sinne. Damit entfallen wichtige Voraussetzungen für eine über allgemeine Interessen hinausgehende Aufnahmebereitschaft von gesundheitsrelevanten Informationen. Ganz generell zeigt sich wenig Variabilität in den Körpereinstellungen; lediglich im ästhetischen Bereich existieren typische Geschlechtsrollendifferenzen. Man kann dies auf die Formel bringen, daß Kinder gesund sind, sich zumindest für gesund halten (es existieren hinreichend Anhaltspunkte für eine objektiv problematische Gesundheitslage) und keine Gesundheits-Investitionen vornehmen. Die gesundheitsbezogenen Interessen sind nicht verhaltensrelevant. Im Unterschied zu den Erwachsenen existieren keine Knappheits-Vorstellungen; man ist, so die Einstellungen, gesund und jung und muß weder das eine noch das andere angestrengt sichern oder visualisieren. Die für die Maßnahmen der Gesundheitssicherung bei Erwachsenen zentralen lebensalterbedingten Dispositionen und Problemwahrnehmungen, die nicht zuletzt auch für das Sporttreiben im Erwachsenenalter verantwortlich sind, fehlen in entscheidendem Maße. Wie leicht das Medium Sportunterricht möglicherweise verkannt wird, mag man schließlich an einem empirischen Ergebnis ersehen, das wie ein ironischer Kommentar gegenüber zu schlicht ansetzenden Maßnahmen der Gesundheitserziehung erscheint. Am Fach Sport interessierte Schülerinnen und Schüler interessieren sich für die Gesundheitsaufklärung systematisch weniger als Schüler mit Interesse an Deutsch, Geschichte oder Gemeinschaftskunde. Auch dies ist ein Hinweis auf die Gefahr, daß gesundheitsbezogene Interessen von Kindern und Schülern buchstäblich unpraktisch bleiben und nicht zur Anwendung kommen. Aber auch andere Ergebnisse empirischer Forschung mindern den Optimismus. Zumindest deuten sie die Schwierigkeit eines Verankerns der Maßnahmen der Gesundheitserziehung an.

In Befragungen von Sportlern im Erwachsenenalter spielt der Sportunterricht eine sehr marginale Rolle. Er ist in der Retrospektive nicht in allzu guter Erinnerung; für die Wiederaufnahme sportlicher Aktivitäten hat er keine nennenswerte Bedeutung. Selten wird ihm zuerkannt, daß er Anregungen für den freizeitbezogenen Sport gegeben habe. Die skizzierten Zusammenhänge machen auf die Leistungsschwäche des Sportunterrichts aufmerksam, dauerhafte Sportbindungen zu bewirken. In manch bissigem Kommentar kommt zum Ausdruck, daß es als seine beste Leistung erscheinen mag, den Individuen das Sporttreiben nicht völlig vergrault zu haben. Zweifellos spiegeln sich in den skizzierten Tendenzen noch Probleme eines traditionellen Sportunterrichts und einer Übergangssituation an den Schulen wider. Gleichwohl muß man, wenn man an wirksamen Maßnahmen der Gesundheitserziehung interessiert ist, die Befunde ernst nehmen. Nicht immer nutzt der Sportunterricht die in ihm schlummernden Möglichkeiten. Bedenkt man dies, so sind eine Reihe von Verbesserungen im Sportunterricht denkbar, die den Zwecken der Gesundheitserziehung dienlich sein können. Sportlehrer könnten besser und einschlägiger ausgebildet sein. Es gibt guten Anlaß für die Annahme, daß das Wissen über die lebensstil-bedingten Zivilisationskrankheiten und die gesundheitsprotektiven Möglichkeiten von Bewegung und Sport eher beschränkt ist. Im Detail lassen sich viele Maßnahmen der Weiterbildung denken.

Eine bessere Ausbildung der Sportlehrer einmal unterstellt, kann eine sportmedizinisch und trainingswissenschaftlich begründete Auswahl von Sportarten und eine günstigere Dosierung von Belastungen organisiert werden. Auch die vielfach diskutierten Vorschläge, verschiedene Unterrichtsfächer unter dem Leit-Thema Gesundheit stärker aufeinander zu beziehen – beispielsweise Biologie und Sport – könnten für die Zwecke der Gesundheitssicherung förderlich sein. In all diesen Belangen gibt es zweifellos Verbesserungsmöglichkeiten, die zu nutzen sind. Gleichwohl bleiben Maßnahmen dieser Art gegenüber dem Medium Sport peripher und treffen nicht die Besonderheiten des Mediums. Wichtiger als alle anderen Maßnahmen erscheint die Aufgabe, dauerhafte Sportbindungen zu ermöglichen, zu stabilisieren und zukunftsbeständig zu machen. In diesem Bereich ließen sich substantiellere Beiträge des Sportunterrichts denken.

Zweifellos sind die skizzierten Daten und Zusammenhänge als Warnsignal zu verstehen. Ganz offensichtlich existiert die Gefahr eines Scheiterns nur rational vorgehender Gesundheitskonzepte auch im Sportunterricht. Verschreibt man ihm mit dem ärztlichen Zeigefinger die Gesundheitserziehung, so wird man eher Enttäuschungen erleben. Wo liegen aber die spezifischen Möglichkeiten des Mediums? Wie lassen sich angesichts der skizzierten Grenzen von Gesundheitsaufklärung die wichtigen Aufgaben sinnvoll umsetzen? Tatsächlich muß man die Spezifika des Mediums Sport, im besonderen die sozialen, kognitiven und emotionalen Besonderheiten des Kinder- und Jugendsports aufgreifen. Wo das Medium Sport in einzigartiger Weise die Perspektiven öffnet, wäre es höchst bedauerlich, wenn man sie durch falsch ansetzende gute Absichten sogleich wieder verstopft.

Wichtig wären dauerhafte Sportbindungen, weil sie Voraussetzungen gesundheitsbezogenen Verhaltens sicherstellen können. Bedenkt man dies, so muß es vor allem darum gehen, die Voraussetzungen dauerhafter Sportbindungen besser zu verstehen und zu nutzen. Dies legt die Suche nach „bindenden" Elementen nahe.

Sportbindungen durch Spaß

Wie kaum ein anderer Verhaltensbereich bedingen die unterschiedlichen Sportaktivitäten eine stärkere affektive Beteiligung der Personen. Gewöhnlich wird dies als Spaß beschrieben oder wahrgenommen. Dies gilt allemal für den außerschulischen Sport, der primär auf der Basis von Spaß zustandekommt; das Profil des Spaß-Erlebens wird noch deutlicher in dem von formellen Organisationen angebotenen intra-organisatorischen Sport. Gerade dort scheint er, gewissermaßen unter erschwerten allgemeinen Spaß-Bedingungen, der Abwechslung und Entspannung zu dienen und Spaß zu machen. Schulsport, Betriebssport, Sport in der Bundeswehr etc. werden in charakteristischer Weise in der Funktion einer positiv bewerteten, affektiv getönten Abweichung von den zweckrationalen Abläufen wahrgenommen. Nicht zufällig ist der Sportunterricht häufig das beliebteste Fach in der Schule, und genießt der Sportlehrer einen privilegierten Zugang zur Jugendkultur. Will man das Ziel verfolgen, über den Sportunterricht dauerhafte Sportbindungen zu ermöglichen, so empfiehlt sich die Berücksichtigung der Erkenntnis, daß Spaß ein Maß für Sportbindung ist. Ein anderer, nicht gering zu schätzender Aspekt ist, daß auch in therapeutischer Sicht Spaß ein interessanter Indikator ist. Mit ihm lassen sich wahrgenommene Entspannungs- und Entlastungserlebnisse fassen.

Im Sport existieren zwischen Spaß und Leistung besondere Beziehungen, die auch im Sportunterricht wirksam sind. Sportleistungen, insbesondere die im Wettkampfsport erzielten Resultate, können in allen Altersgruppen Spaß machen und besonders eindrucksvolle Formen des Engagements bewirken. Sie zeichnen sich insbesondere durch Zeitbeständigkeit aus. Aus vielen Untersuchungen geht hervor, daß der Wettkampfsport mit seinem klaren Profil und Erfolgszuweisungen die stabilsten Sportbindungen hervorbringt. Es entstehen Formen ausgesprochener Sportloyalität. Dies ist beispielsweise bei den ehrenamtlichen Übungsleitern in den Sportvereinen der Regelfall. Ein ehemals intensives Wettkampf-Engagement und die damit eingegangenen verdichteten sozialen Beziehungen verlängern sich in weitere Phasen des Lebenszyklus und mobilisieren unter Beibehaltung des eigenen Sporttreibens zusätzliche Energien im Bereich ehrenamtlicher Tätigkeiten.

Wo sportliche Leistungen und Wettkämpfe in schlichter und nahezu natürlicher Weise Spaß machen, liegen die Dinge auch für den Schulsport einfach. Es existiert eine Faszination durch die natürliche Identität von Bewegung, sportlicher Leistung und Spaß. Spaß entzündet sich an der Leistung. Dies ist bei Kindern zumeist, bei Jugendlichen immerhin häufig genug der Fall. Unverkennbar ist allerdings auch, daß diese Erfolgsformel des Sports mit steigendem Alter bei den Jugendlichen und einer Ausdifferenzierung der Interessen zunehmend verblaßt. Sportlehrer kennen die daraus entstehenden Probleme eines mühsamen Sportunterrichts in der Oberstufe. In den Sportvereinen weisen die erhöhten Fluktuationsraten in diesen Altersgruppen auf einen ähnlichen Sachverhalt kompliziert werdender Voraussetzungen von Spaß und Engagement hin. Damit sind zugleich entsprechende Probleme der Gesundheitserziehung benannt, der es auf die Bewirkung langfristiger Sportbindungen ankommen muß. Der Sportunterricht nutzt wegen mangelnder Differenzierung die Ressourcen seines Mediums zuwenig aus. Die Faszination durch die spektakuläre Trias „Sportliche Leistung, Wettkampf, Spaß", deren bindende Kraft tatsächlich eindrucksvoll ist, verdeckt andere Aufgaben und Möglichkeiten des Sportunterrichts. Verstärkt wird dies durch das Dauerproblem der Zensurengebung im Sport. Sie bedingt die Bewertung motorischer Leistungen und eine Berücksichtigung allgemeiner Gütekriterien.

Beschrieben ist ein spezifisches Dilemma der Gesundheitserziehung mittels Schulsport: Am effektivsten ist der Sportunterricht bei den leistungsstarken Schülern. Bei diesen ergeben sich der Spaß und eine sportbindende Wirkung nahezu von selbst, was die Abläufe im Sportunterricht immens erleichtert. Spaß ist in diesem Fall ein hinreichend verfügbarer, manchmal unerschöpflicher Betriebsstoff. Speziell gefördert werden danach – und dies ist ein gesundheitspolitisches Paradox – die ohnehin begünstigten Schüler, um deren aktuellen wie späteren Gesundheits-Status man sich nicht von vornherein spezifische Sorgen machen muß. Der Sportunterricht verstärkt bestenfalls, was bei diesen Schülern ohnehin angelegt ist – Bindungen qua Sportleistung. Im Zweifelsfall aber ist er weniger effektiv als der Sportverein, dem bessere Möglichkeiten zu Gebote stehen. Das Nachsehen haben die (sport)leistungsschwachen Schüler, die der besonderen Aufmerksamkeit bedürfen – jene, um deren fragliche und labile Sportbindungen es geht. Bei ihnen ist, dies gilt auf Seiten der Schüler wie auf Seiten der Lehrer, die Spaß-Erzeugung ein mühsames Geschäft. Gleichwohl darf das Bemühen um zukunftsbeständige Sportbindungen keine „harte Arbeit" sein. Der Konflikt und das Dilemma sind, bleibt man in den traditionellen Denk- und Betriebsformen stecken, systematisch angelegt. Die Gefahr, daß Sport-Unwilligkeit statt Sport-Bereitschaft fixiert wird, ist die Schattenseite eines traditionell orientierten Sportunterrichts, der auf die Faszination der Idealformel „Sport, Leistung, Spaß" nicht verzichten will und in vielen Fällen auch nicht kann. Denn zweifellos ist zu berücksichtigen, daß neben den Gesundheitszielen auch andere Sinnbestimmungen des Sportunterrichts ihr Recht haben und mit den Gesundheitszielen konkurrieren.

Verständlich wird auch das Paradox, daß das gemeinhin populäre Schulfach Sportunterricht als wenig leistungsfähig erscheint. In den Schülerurteilen ist er beliebt, aber wenig anregend; in den Erwachsenen-Urteilen wenig markant und unmaßgeblich. In beiden Fällen ist der Sport prinzipiell unzureichend; den sportbegeisterten Schülern kann er nicht Spaß und Leistungsverbesserung genug liefern (außer in zusätzlichen überschulischen Wettkampfbemühungen nach Art „Jugend trainiert für Olympia"); den anderen Gruppen kommt er von vornherein nicht mit Spaß. Unlust – das negative Korrelat zu Spaß – verdirbt die Chancen.

Die skizzierten Probleme verdeutlichen, daß die strukturellen Probleme des Faches Schulsport nicht übersehen werden dürfen, wenn man die Gesundheitsfunktionen des Sports frühzeitig erschließen will. Sehr leicht wird das Fach überfordert. Bedenkt man dies, so drängt sich eine Perspektive auf, die die Beziehung von Sport, Bewegung und Spaß aus einem außer-sportlichen und außer-unterrichtlichen

Blickwinkel betrachtet. Es bietet sich an, die Kategorie Lebensstil verstärkt zu berücksichtigen. Was im Fall problematischen Gesundheitsverhaltens ein Handicap ist, daß die verschiedenen Lebensstile das Verhalten häufig rechtfertigen und abschirmen, und daß sie die Maßstäbe sozialer Identität und Selbstdarstellung diktieren, liefert auch Anhaltspunkte für eine modifizierte Betrachtungsweise des Sportunterrichts. Wenn Lebensstile und soziale Milieus tatsächlich Verhalten regulieren, so muß man diese Kategorie ernst nehmen und aufgreifen – und zwar rechtzeitig und offensiv. Dazu liefert die aktuelle Sportentwicklung vielfältige Möglichkeiten. Sie offeriert, gleichsam unaufgefordert, bunte Beispiele dafür, wie Sportbindungen auf der Grundlage von Spaß in den sich differenzierenden Lebensstilen entstehen, aufblühen und sich verbreiten sowie gegen die tradierten Betriebsformen des Sports durchsetzen konnten. Zu den bemerkenswerten Phänomenen aktueller Sportentwicklung zählt die Vervielfältigung der Spaß-Entdeckungen in vielen neuen Bewegungs- und Sportkulturen. Der Spaß (darüber hinaus andere individuelle Nutzenvorstellungen) hat sich seinen eigenen Sport gesucht und ihm Form gegeben. In diesem Bereich lassen sich Hinweise für neue oder ergänzende Konzepte des Sportunterrichts finden, mit denen das Problem prekärer Sport-Bindungen und anzustrebender Gesundheitsfunktionen auf ein neues Fundament gestellt werden kann.

Spaß in erweiterten Sport- und Bewegungskulturen

Das Sporterleben kann, wenn es sich nicht (mehr) auf das Interesse an einer strikten Verbesserung sportmotorischer Leistungen beziehen läßt, auf andere Möglichkeiten individueller Selbstdarstellung umgeleitet werden, die hinreichend attraktiv sind. Der Erfolg des Sportunterrichts steht und fällt nicht allein mit der Spaßerzeugung und bindenden Wirkung durch sportmotorische Leistungen, auch wenn dies seine Faszination behalten wird. Insbesondere drei Entwicklungstrends liefern Anhaltspunkte für das Problem, den Sportunterricht zusätzlich interessant und Sportbindungen wahrscheinlicher zu machen und ihn damit für die Gesundheitserziehung effektiver zu erschließen. Verschiedene Möglichkeiten des Brückenschlages gegenüber einer sich differenzierenden Jugendkultur bieten sich an.

– Ein gesteigertes Selbsterleben ergibt sich in direkter Weise im Bereich gewachsener und differenzierter Fitness-Vorstellungen. Bei Erwachsenen ist Fitness im Rahmen gewandelter Körper- und Verhaltensideale zu einer anerkannten Norm geworden. Entsprechungen dazu, mit Abweichungen und anderen Akzentsetzungen, finden sich auch bei Jugendlichen, sei es, daß Aspekte der Lockerheit und des Lässigseins oder Normen der körperlichen Stärke bei männlichen Jugendlichen aufgegriffen werden können. In bemerkenswerter Weise kann beispielsweise das Bodybuilding schichtspezifische Barrieren überwinden; in verschiedenen Spektren des Berufsschulsports hat dies seine nicht gering zu schätzende Bedeutung.

– Sensible Würdigungen empfindlicher und anspruchsvoller Selbstvorstellungen bei Jugendlichen lassen sich in dem eminent erweiterten Spektrum des Spaß- und Freizeitsports organisieren, dessen wichtigste Leistung darin zu bestehen scheint, daß er die soziale Dimension in spezifischer Weise für die Jugendlichen erschließt. Was in den langfristigen evolutionären Entwicklungen der Jugendkultur und in den Selbstdefinitionen Jugendlicher angelegt ist – die gesteigerte Bedeutung der peer-groups für die Selbstfindung und den Selbstgenuß – läßt sich damit im Sport variantenreich aufgreifen. Eine Spezialisierung in der Abstimmung von empfindlichem Ich und Sport gewährleisten auch die asiatischen Konzentrations- und Meditationspraktiken, die ebenfalls in stärkerer Weise Resonanz finden und Körperaufmerksamkeit gewährleisten.

– Auch die Entwicklungen tänzerisch-gymnastischer Sportformen von Aerobic, über Jazz-Dance und Stretching bis zur Ski-Gymnastik, sind angemessen nur dann zu verstehen, wenn man sie als Reaktionen auf veränderte Ich-Maßstäbe begreift. Sie liefern buchstäblich hautnahe Produkte für weibliche Jugendliche; einmal gilt dies für die Selbstdarstellung weiblicher Identität im Bereiche ästhetisch-musisch-expressiven Ausdrucks; unverkennbar ist aber zugleich der kosmetische Leistungscharakter dieser Sportarten, die sich nach ihrer Eignung, Schlankheit und Attraktivität zu sichern, taxieren lassen und entsprechenden Anklang finden. In buchstäblich körperlich-anstrengender Weise kann etwas für die Selbstdarstellung in der sozialen Dimension erworben werden.

Die angedeuteten Elemente eines veränderten Sport-Erlebens haben ihre Gemeinsamkeit darin, daß sie nicht mehr über Kriterien der Leistungssteigerung im motorischen Bereich gesteuert werden und daß sie empfindliche und höchst unterschiedliche Selbstvorstellungen der Jugendlichen aufgreifen und spezifisch „bedienen". Mit ihnen sind die Chancen systematisch gewachsen, auch in Fällen abgeschwächter Sportinteressen heterogenste Perspektiven zu erreichen. Die unterschiedlichen Sport-Modelle eines „neuen Sports" haben gleichsam Spaß und individualisiertes Selbsterleben gegen die Sporttradition durchgesetzt. Damit lassen sich sonst entgleitende, zunehmend sportdesinteressierte Jugendliche wieder für den Sport und körperbezogene Aktivitäten einfangen. Zumindest besteht die Aussicht auf eine bessere Resonanz des Sportunterrichts, wenn man mit den Entwicklungstrends des Sports geschickt operiert und im Auge behält, daß Spaß das wichtigste Kriterium aktueller wie langfristiger Sportbindungen ist.

Diskussionsergebnisse

Nach den Kurzreferaten bestand die Möglichkeit für das Plenum, Verständnisfragen an die Referenten zu stellen. Im wesentlichen ging es dabei um zwei Punkte:

1. Möglichkeiten, einen Zugang zum Sport zu finden und darüber hinaus eine Sportbindung zu erreichen (sportliche Sozialisation);

2. gesundheitsrelevante Belastungsnormen für den Schulsport.

Zu Punkt 1:

Zuverlässige Untersuchungsergebnisse zu der Frage, auf welchem Weg eine sportliche Sozialisation zu erreichen ist, liegen bisher nur aus dem Bereich des Wettkampfsports vor. Sie belegen, daß das Überbietungs- bzw. Perfektionsprinzip, das in seinen Ausprägungsformen bis zum Leistungs-, Hochleistungs- und Spitzensport führt, sowohl den Zugang zum Sport bereitet als auch dauerhafte Sportbindungen schafft.

Es ist aber auch unstrittig, daß viele Kinder und Jugendliche über „Leistung" und „Wettkampf" nicht angesprochen und zu einer dauerhaften Sportbindung geführt werden. Die Schule orientiert sich in starkem Maße am Idealmodell „Sport – Leistung – Spaß". Andere Modelle (z.B. im Sinne der Spielfest-Idee) werden zu wenig berücksichtigt. Dieses Defizit muß durch Entwicklung neuer Modelle aufgearbeitet werden.

Allerdings muß bedacht werden, daß bei Kindern und Jugendlichen das Motiv, Sport aus gesundheitlichen Gründen zu betreiben, nicht greift. Wenn gesundheitsrelevante Ziele über den Sport transportiert werden sollen, muß sich dieser Effekt über die sportliche Betätigung selbst – quasi „automatisch" – einstellen. Ein ostentativer Umgang mit dem Gesundheitsmotiv ist in der Altersklasse der Schüler wenig wirkungsvoll.

Ein Ansatz bei der Entwicklung neuer Modelle kann der sein, den Schülerinnen und Schülern im Schulsport deutlicher als bisher zu vermitteln, daß Sporttreiben auch zu „Glückserfahrungen" führen kann, wenn es nicht dem Überbietungs- und Perfektionsprinzip unterworfen ist. Die positiven Reaktionen der Schüler auf die „New Games" und die „Bewegungsmeditation" sind ein deutliches Indiz dafür, daß die Schülerinnen und Schüler auch aufgeschlossen sind für alternative Sinnrichtungen des Sports. Beobachtungen im Bereich der „Spielfest-Bewegung" haben allerdings gezeigt, daß z.B. das Modell „Spiel – Spaß – Geselligkeit" allein nicht auch zu einer dauerhaften Sportbindung führt. Die Frage, warum dies nicht erreicht wird, ist noch weitgehend unbeantwortet. Eine Antwort liegt möglicherweise in der „feiertäglichen" Grundstruktur dieser alternativen Sportangebote begründet. Sie sind zu singulär in ihrer Häufigkeit. Unter dem Gesichtspunkt der Regelmäßigkeit des Sporttreibens und den damit verbundenen funktionalen physiologischen Wirkungen durch den Sport wäre zumindest eine größere Angebotsheterogenität und Angebotsvielfalt wünschenswert.

Die unter Begriffen wie „New Games" oder „Bewegungsmeditation" propagierten Inhalte können den Schulsport bereichern, sie sollten aber auch in einem stärker auf die Gesundheitserziehung ausgerichteten Konzept keinen Vorrang gegenüber den traditionellen Sportarten erhalten. Vielmehr sind die traditionellen Sportarten intensiv auf ihre unerschöpfte Potentiale im Hinblick auf die „Bewegungserziehung und Körpererfahrung" zu untersuchen. Die Umsetzung eines Teils gesundheitserzieherischer Forderungen läßt sich möglicherweise schon durch die Umgestaltung der bisher gängigen Unterrichtspraxis erreichen.

Hinzukommen muß vor allem die Vermittlung von Kenntnissen über eine verant-
wortungsbewußte gesunde Lebensführung. Diese muß entsprechend dem Verständnis der Schülerinnen und Schüler erfolgen und auf ein vertretbares Maß begrenzt werden.

Zu Punkt 2:

Gesundheitsrelevante, d.h. präventiv wirksame, objektive Belastungsnormen, wie
sie z.B. für Erwachsene im Bereich der Ausdaueroptimierung aufgestellt wurden,
liegen für den Schulsport noch nicht vor.

4. BERICHTE DER ARBEITSGRUPPEN

GESUNDHEITSERZIEHUNG IN DER SCHULE DURCH SPORT:
REALISIERUNSMÖGLICHKEITEN

Arbeitsgruppe I – Primarstufe

Berichterstatterin: Regierungsschuldirektorin Margot Crummenerl

1. Vorbemerkung

Die Aufgabe der Gesundheitserziehung in der Schule durch Sport erhält in der Primarstrufe insofern eine Schlüsselfunktion, als der Aspekt „So früh wie möglich" hier zum Tragen kommt.

Die Realisierung dieser wichtigen Aufgabe kann für das Grundschulkind nicht schwerpunktmäßig über einen Bewußtmachungsprozeß erfolgen, sondern in erster Linie durch Formen der Verhaltensänderung durch Gewöhnung.

Bei den Lehrkräften ist jedoch eine Bewußtseinsänderung von besonderer Bedeutung.

2. Zur Auswahl der Unterrichtsinhalte/Pädagogische Akzentuierungen

Die Gesundheitserziehung in der Schule durch Sport sollte im wesentlichen eine allgemeine Grundausbildung enthalten, die kontinuierliches Arbeiten und individuellen Lernerfolg berücksichtigt. Dabei sind folgende Bereiche einzubeziehen:

- Vertrautmachen mit dem Element Wasser
- Vertrautmachen mit dem Ball
- Vertrautmachen mit Musik und Bewegung
- Vertrautmachen mit den Formen des Turnens (Drehungen, Stützen, Springen)
- Vertrautmachen mit den Formen der Leichtathletik (Laufen, Springen ...)

Alle diese Bereiche sind in den „Richtlinien und Lehrplänen für den Sport in den Schulen im Lande Nordrhein-Westfalen" enthalten, so daß es keiner neuen Auflistung bedarf. Wichtig sind jedoch die grundschulspezifischen Akzentuierungen und Wege des Zugriffs. Hierzu gehören:

- die deutlichere Umsetzung der 9 Aufgaben des Schulsports;
- die stärkere Berücksichtigung der Wahrnehmungsschulung;
- die stärkere Berücksichtigung der Schulung der koordinativen Fähigkeiten;
- die stärkere Berücksichtigung der kinästhetischen Inhalte;
- die stärkere Berücksichtigung der Körpererfahrung (z.B. Kennenlernen von Entspannnungstechniken);
- die besondere Gewichtung des Aspekts der Bewältigung von sportlichen Situationen/des angemessenen Verhaltens in sportlichen Situationen beim Fertigkeitserwerb (Toleranz, Fairneß, Umgehen mit Erfolg/Mißerfolg);
- die stärkere Berücksichtigung der Kategorie „Organisieren" und der „Kenntnisse" im Hinblick auf gesundheitserzieherische Aspekte, sowie Aspekte der Unfallverhütung und Sicherheitserziehung;
- die differenzierte Betrachtung der sportlichen Leistung, wobei der individuelle Lernfortschritt einer normierten Leistungsmessung vorzuziehen ist.

Diese pädagogischen Akzentuierungen stehen in engem Zusammenhang mit den neuen „Richtlinien und Lehrplänen für die Grundschule in Nordrhein-Westfalen". Es ist unverzichtbar, die Umsetzung der „Richtlinien und Lehrpläne für die Grundschule in Nordrhein-Westfalen" und die Umsetzung der „Richtlinien und Lehrpläne für den Sport in den Schulen im Lande Nordrhein-Westfalen" im Bereich der Primarstufe stärker aufeinander zu beziehen. Beispielsweise ist der Begriff „Schulleben" in den „Richtlinien und Lehrplänen für die Grundschule in Nordrhein-Westfalen" eng mit dem Fach Sport verknüpft zu sehen.

3. Organisatorische Aspekte

Vor dem Hintergrund der schon immer beklagten und weiter zunehmenden Bewegungsdefizite der Kinder im Grundschulalter bekommt die Forderung nach vermehrtem, regelmäßigem Sporttreiben ein noch größeres Gewicht. Hierzu gehören:

- drei Wochenstunden Sportunterricht als Einzelstunden;
- die Nutzung der Pausenzeiten für Bewegungsangebote;
- die Realisierung einer täglichen Bewegungszeit – auch im Klassenzimmer – entsprechend dem Konzept „kindgemäßer Schulanfang" (zusätzliche Spielangebote, „Spiele ohne Verlierer" / New Games können hier geeignete Inhalte sein);
- die Nutzung der in den „Richtlinien und Lehrplänen für die Grundschule in Nordrhein-Westfalen" geschaffenen Einrichtung „Freie Arbeit" auch für Lerngelegenheiten des Sports;
- die Bildung von freiwilligen Sport-Arbeitsgemeinschaften am Nachmittag;
- das Schaffen von Sportangeboten für die Familie, auch unter Einbeziehung der Vereine;
- die Einbeziehung des Faches Sport in den in der Stundentafel vorgesehenen allgemeinen Förderunterricht, wobei Sportförderunterricht hier als eine Phase des Intensivunterrichts gesehen wird, die befristet ist und in der Defizite abgebaut werden, um z.B. der „Karriere" psycho-motorisch schwacher Schüler vorzubeugen und ihren baldigen Anschluß an den Leistungsstand des Klassenverbandes zu ermöglichen.

4. Konsequenzen in personeller Hinsicht

Die personelle Situation in der Grundschule ist durch eine nicht ausreichende Zahl von ausgebildeten Sportlehrkräften geprägt. Der sportfachlich ausgebildete Klassenlehrer bleibt der Idealfall. Vor dem Hintergrund, daß keine nennenswerten Neueinstellungen zu erwarten sind, ergibt sich im Hinblick auf die Gesundheitserziehung die Notwendigkeit, alle im Fach Sport unterrichtenden Lehrkräfte der Grundschule gezielt fortzubilden.

Folgende Wege werden vorgeschlagen:

1. Fortbildung der Fachberater Sport und Fachleiter im Bereich Gesundheitserziehung;
2. Schulinterne Fortbildung (Einbeziehung aller Lehrkräfte eines Kollegiums) unter Mitwirkung der Fachberater;
3. Angebote lokaler und regionaler Fortbildung für Lehrkräfte an Grundschulen unter Berücksichtigung gesundheitserzieherischer Aspekte;
4. Gezielte Ausbildung von Lehrkräften an Grundschulen im Sinne einer Qualifikationserweiterung. Hier könnten die im Auftrag des Kultusministers und des Landesinstitutes für Schule und Weiterbildung entwickelten curricularen Materialien für den Sport an Grundschulen wie auch das Fernstudienmaterial für Lehrkräfte an Grundschulen eingesetzt werden. Auch das Fortbildungskonzept für Sportförderunterricht (Schulsonderturnen) ist in besonderer Weise geeignet.

Im administrativen Bereich ergeben sich folgende Fragen:

1. Ist eine Nachqualifizierung der Lehrkräfte an Grundschulen auch mit Unterrichtsentlastung möglich?
2. Kann bei abnehmender Bereitschaft, sich neuen Fortbildungsinhalten zu öffnen (zunehmendes höheres Durchschnittsalter), Fortbildung auch verpflichtend gemacht werden?

5. Forderungen in materieller Hinsicht

Unter dem Aspekt der Gesundheitserziehung ist für den Sportunterricht an Grundschulen zu fordern:

- eine kindgemäße Geräteausstattung (Abmessungen der Großgeräte, geeignetes Ballmaterial/Schaumstoffgeräte, Orientierung an Kindergartenausstattungen);
- eine ausreichende Anzahl von Handgeräten;
- psychmotorische Übungsgeräte.

Zusammenfassend kann gesagt werden: Gesundheiterziehung in der Grundschule durch Sport kann nicht dadurch realisiert werden, daß Gesundheit zum Thema des Unterrichts gemacht wird, sondern indem ein gesundheitsbewußter Lehrer seinen Unterricht verantwortlich gestaltet und gesundes Sporttreiben zur Gewohnheit werden läßt. Die Sensibilisierung der Lehrkräfte für gesundheitserzieherische Aufgaben des Sports wird das zentrale Anliegen aller Fortbildungsmaßnahmen sein müssen.

Arbeitsgruppe II – Sekundarstufe I

Berichterstatter: Regierungsschuldirektor Bruno Schiefer

Die Arbeitsgruppe legt folgende Diskussionspunkte fest:

1. Defizite auf dem Gebiet der Gesundheitserziehung – bezogen auf die Ebene der Schüler – und Hinweise zur Behebung.
2. Mängel in der Gesundheitserziehung im Sportunterricht und in der Lehrerausbildung. Möglichkeiten zur Abänderung durch die Lehrerfortbildung.
3. Defizite in der Gesundheitserziehung auf institutioneller Ebene und organisatorische Maßnahmen zur Behebung.

Allgemein wird der Wunsch geäußert, konkrete Maßnahmen zu erörtern, die geeignet sind, die Gesundheitserziehung durch Sport in der Sekundarstufe I gezielt zu verbessern.

Zu 1:

Die Schüler der Sekundarstufe I verlassen heute häufig die Schule, ohne über die Möglichkeiten der Trainierbarkeit ihrer eigenen Körperkräfte instruiert worden zu sein.

Schüler mit besonderen gesundheitlichen Problemen (z.B. Übergewicht) oder Fragestellungen (z.B. Menstruation) werden zu wenig über die Bezüge dieser Aspekte zu Bewegung und Sport informiert. Die Schüler müssen in die Frageproblematik mit einbezogen werden. Professor KURZ gibt zu bedenken, daß im Sport nicht alle Themenbereiche wissensmäßig zu erarbeiten sind. Es gilt, die körperliche Erfahrung in Einsichten umzusetzen. Stichwort: erfahrungsorientierter Sportunterricht.

Primär muß es darum gehen, die Schüler für eine Bewegungshandlung zu motivieren. Das „Warum" tritt zurück. Professor ABEL weist darauf hin, daß die Fragestellung sich nicht allein auf Sport im engen Sinne beziehen darf. Fragen der Gesundheitserziehung beziehen sich auch auf den Bereich der Ernährung und Hygiene.

Zu 2:

Professor KURZ stellt mit Bezug auf den Sportunterricht folgende Defizite fest:

1. Sportunterricht spricht fast ausschließlich die unteren Extremitäten an. Eine Vernachlässigung des Geräteturnens und der Gymnastik hat die Vernachlässigung von Kraft- und Beweglichkeitsschulung zur Folge.

2. Der Sport vollzieht sich fast ausschließlich in der Halle.

3. Langfristige Trainingsprozesse werden nicht erarbeitet, demnach verfügen Schülerinnen und Schüler nicht über solche Erfahrungen.

4. Die Kenntnisse und Erfahrungen über Spannung – Entspannung / Belastung – Entlastung sind verlorengegangen.

Zur Behebung dieser Defizite müssen gezielte Maßnahmen entwickelt und umgesetzt werden. Die Erstellung von Handreichungen allein genügt nicht. Es wird zu bedenken gegeben, daß Handreichungen wenig wirksam sind, wenn sie nur wiedergeben, was ohnehin in der Literatur nachzulesen ist.

Der Lehrer will vor allem Hilfen für seine Alltagsprobleme haben. Viele der Lehrer haben in ihrem Studium keine Ausbildung zu medizinischen Fragestellungen erhalten. Werden diese Fragestellungen angesprochen, dann beziehen sie sich nicht auf Gesundheitserziehung. In mehreren der zwölf nordrhein-westfälischen Sportinstitute fehlen Sportmediziner. Dieses Defizit in der Lehrerausbildung bedeutet, daß die Lehrerfortbildung bezüglich der Gesundheitserziehung ganz von vorn anfangen muß. Eine Änderung der Lehrerausbildung ist dringend notwendig.

Es wird die Frage gestellt, von wem Lehrerfortbildung zu betreiben ist bzw. wer die Lehrer für die Fortbildung in Gesundheitserziehung ausbildet, wenn Pädagogen mit medizinischen Kenntnissen in der Gesundheitserziehung nicht vorhanden sind.

Lehrerfortbildung kann dann nur wirksam werden, wenn der Lehrer sich von der Fragestellung betroffen fühlt. Besonders wirksam ist Lehrerfortbildung, die sich auf das gesamte Lehrerkollegium bezieht.

Hier sind Kompetenzen, die nutzbar gemacht werden sollten. Fragen der Gesundheitserziehung gehen über den Kreis der Sportlehrer hinaus und sprechen alle Kollegen an. Dies ist besonders wichtig, da man sagen kann, daß das Klima an Schulen für Gesundheitserziehung milieufeindlich ist. Sportlehrer kämpfen in diesem Problembereich einen einsamen Kampf.

Die Lehrerfortbildung Sport ist meistens sportartspezifisch ausgerichtet. Die Gesundheitserziehung ist jedoch ein Prinzip, das sportart- und fachübergreifend vermittelt werden muß. Deshalb sollte sich Fortbildung in Gesundheitsfragen an alle Lehrer des Kollegiums richten. Dieser Gedanke ist nicht neu, er muß allerdings wieder stärker in den Vordergrund treten. Ein guter Zugang, das gesamte Kollegium einer Schule anzusprechen, ist der Weg über den Schulleiter.

Um Ziele der Gesundheitserziehung verstärkt im Fach Sport wirksam werden zu lassen, muß eine entsprechende Schwerpunktsetzung in der Lehrerfortbildung

Sport erfolgen. Als methodisches Verfahren bietet sich an, daß Sportlehrer gesundheitsbezogenen Sportunterricht selbst erfahren, daß sie aufgezeichneten Sportunterricht unter dem Aspekt „Gesundheit" analysieren. Voraussetzung hierfür ist jedoch, daß Ziele bzw. Teilziele der Gesundheitserziehung fachspezifisch ausgearbeitet worden sind.

Zu 3:

Die „Richtlinien und Lehrpläne für den Sport in den Schulen im Lande Nordrhein-Westfalen" bieten alle Vorgaben, um Gesundheitserziehung im Schulsport zu verwirklichen. Gerade die auf diese Aufgabe gerichteten Vorgaben der Richtlinien und Lehrpläne werden jedoch oftmals nicht eingehalten. So werden an vielen Schulen die vorgesehenen drei Einzelstunden im Sport nicht durchgeführt. Einzelstunden werden häufig zu Doppelstunden zusammengefaßt.

Es wird die Forderung erhoben, gesundheitserzieherische Themen fächerübergreifend (z.B. im Sport und in Biologie) zu koordinieren.

Zum Thema Gesundheitserziehung existieren vielfältige Initiativen auch in anderen Bundesländern, die gesichtet und ausgewertet werden müsssen. Auch in Nordrhein-Westfalen gibt es eine Vielzahl von Initiativen in bezug auf die Gesundheitserziehung, die einer stärkeren Koordination bedürfen.

Konkrete Maßnahmen zur Gesundheitserziehung im Schulsport müssen sich auf den Schulalltag beziehen. Dazu zählen u.a. die aktive Pausengestaltung und die Einbeziehung gesundheitserzieherischer Angebote in den außerunterrichtlichen Schulsport. Die Landeselternschaft der Gymnasien Nordrhein-Westfalens hat in einem Arbeitspapier Fragen zur Gesundheitserziehung jahrgangsbezogen aufgelistet. Hierzu wird festgestellt, daß es die Gefahr in sich birgt, Gesundheitserziehung auf abfragbares Wissen zu beschränken. Wichtiger ist aber, daß die Schüler mit ihrem Körper „gesunde Wirkungen" erfahren.

Folgend sind noch einmal die erkannten Defizite im Bereich der Gesundheitserziehung durch Sport zusammengestellt:

* Defizite beim Schüler

– mangelndes Wissen über Möglichkeiten der Kraft-/Beweglichkeitsverbesserung;

– mangelndes Wissen über Trainingswirkungen (was passiert, wenn...);

– mangelndes Wissen über Verhalten während der Menstruation;

– mangelndes Wissen über Probleme des Übergewichts und dessen Reduzierung.

* Defizite bei Sportlehrkräften/im Sportunterricht

– Vermittlung von Gesundheitserziehung erfolgt nur über den Kopf;

– Gesundheitserziehung ist für den Lehrer kein Anliegen.

* Defizite im institutionellen Bereich

– Sportlehrkräfte fungieren als Einzelkämpfer – Koordination des gesamten Kollegiums ist wünschenswert;

– Gesundheitserziehung darf nicht nur Anliegen des Faches Sport sein – Koordination mit anderen Fächern müßte erfolgen.

* Defizite allgemeiner Art

– eine Koordination bereits bestehender Modelle und Projekte der verschiedenen Institutionen auf Bundesebene müßte erfolgen.

Die Arbeitsgruppe stellt zum Schluß folgende, besonders dringliche Aspekte der Durchführung von Maßnahmen zur Förderung der Gesundheitserziehung in der Schule durch Sport heraus:

1. Mit einer gerade auf die Gesundheitserziehung ausgerichteten Ausbildung in Sportmedizin muß bereits in der ersten Phase der Lehrerausbildung das notwendige Bewußtsein für diese Zielsetzung geschaffen werden. Voraussetzung ist eine Analyse und gegebenenfalls die Modifizierung bisheriger Ausbildungskonzeptionen in diesem Bereich.

2. Die Fortbildung von Lehrern (Ausbildung von Moderatoren) erfordert interdisziplinäre Zusammenarbeit in den Phasen der Konzeptentwicklung und Durchführung.

Arbeitsgruppe III – Sekundarstufe II / Gymnasiale Oberstufe

Berichterstatter: Studiendirektor Walter Meusel

Schon zu Beginn der Diskussion stellte sich heraus, daß es wegen der Komplexität des Themas nicht leicht sein würde, schulstufen- und schulformbezogene Realisierungsmöglichkeiten zu finden, die von allen Diskussionsteilnehmern als pädagogisch sinnvoll und im Sinne der Zielsetzung als effektiv akzeptiert werden könnten. Zwar war intendiert, die Aufgabe möglichst pragmatisch anzugehen, aber schon bei der Suche nach Ordnungsprinzipien, nach konsensfähigen kategorialen Vorgaben und einer abgesicherten Begrifflichkeit, welche als Grundlage für eine sachgerechte Entwicklung und Festlegung von Lerninhalten dienen sollten, traten Schwierigkeiten auf.
Der vorgelegte Katalog der Leitfragen für die Diskussion in den Arbeitsgruppen diente als Orientierung, nicht jedoch als verbindliche Strukturierungsvorgabe für das Gespräch.
Der folgende Bericht ist ein zusammenfassendes Ergebnisprotokoll, nicht eine chronologische Wiedergabe der Diskussionsbeiträge.
Obwohl der Gesundheitsbegriff terminologisch nicht eindeutig festgelegt ist, mußte man versuchen, in der Diskussion von einer möglichst einheitlichen Begrifflichkeit auszugehen. Man einigte sich auf einen relativ weit gefaßten Gesundheitsbegriff, der die drei Aspekte der körperlichen Leistungsfähigkeit, des subjektiven Wohlbefindens und der sozialen Einbindung in die Gruppe umfaßt. Diese Aspekte sind zwar untrennbar miteinander verknüpft, können und sollten jedoch in spezifischen unterrichtlichen Situationen unterschiedlich akzentuiert erlebbar und bewußt gemacht werden.
Nicht umstritten war die Forderung, Gesundheitserziehung als (didaktisches) Prinzip von Sportunterricht zu verstehen, nicht kontrovers war die Auffassung, daß für die Erschließung von Fragen aus dem Bereich der Gesundheitserziehung dem Aspekt der verstärkten Bewußtheit des Lernens – als einem spezifischen Merkmal des Sportunterrichts der gymnasialen Oberstufe – und der Forderung der Richtlinien nach engem Praxis-Theorie-Bezug, d.h. enge Anbindung an den Bewegungsvollzug, eine besondere Bedeutung zukommt. Handeln und Erkennen sind als Einheit zu verstehen. Gerade der Sportunterricht der gymnasialen Oberstufe bietet

vielfältige Möglichkeiten, diese angestrebte Einheit von Handeln und Erkennen für Schüler erfahrbar zu machen. Als Beleg für diese Auffassung wurde eine Reihe von Beispielen aus eigener Unterrichtserfahrung und aus den Lerninhalten der Richtlinien vorgelegt.

Ein wichtiges Ergebnis der Aussprache war die Erkenntnis, daß die Richtlinien bereits viele in konkreten Unterricht umsetzbare Lerninhalte vorgeben, die jedoch unter der hier angesprochenen thematischen Akzentuierung noch nicht ausformuliert sind.

Es wurde mehrmals darauf hingewiesen, daß es notwendig erscheint, die Richtlinien unter dieser thematischen Schwerpunktsetzung genau zu analysieren, die Ergebnisse den Kollegen bewußt zu machen und in die Lehreraus- und -fortbildung einzubringen. Die Lehrer brauchen praktische Hinweise für eine richtlinienkonforme Umsetzung von Lerninhalten unter dieser Schwerpunktsetzung, vor allem in inhaltlich-methodischer Hinsicht.

In diesem Zusammenhang wurden spezifische Probleme der Unterrichtspraxis angesprochen, z.B. die Frage: Was geschieht mit den Schülern, die sich von dieser Problematik kaum oder gar nicht angesprochen fühlen? Über die Ratio allein wird uns ein Zugang kaum gelingen. Wir müssen Wege finden, jeden einzelnen Schüler dort abzuholen, wo seine Interessen liegen, d.h. in der ihm eigenen Lebenswelt und Lebensauffassung (z.B. Thematisierung kommerzieller Angebote wie Fitness-Center). Ein solcher Zugang bedingt Vielfalt und Flexibilität. Deshalb erscheint es als wichtig, den Sportlehrkräften Wege aufzuzeigen und methodische Hinweise zu geben, wie sie den Schülerinnen und Schülern die verschiedenen Sinngebungen von Sport erfahrbar machen können, besonders weil in der Sekundarstufe II die Interessen der Schüler sehr stark divergieren können.

Diesem Verfahren könnte die Erfahrung und das Bewußtmachen planmäßiger Trainingsvorgänge in einer oder mehreren der drei Kurssportarten entgegengesetzt werden. Den Schülern erfahrbar machen, was Belastbarkeit heißt, und dieses reflektieren.

Von einzelnen Diskussionsteilnehmern wurde die Meinung vertreten, daß Verhaltensänderung bei Schülern auch über die reine Kenntnisvermittlung, d.h. über die Vermittlung von Fakten erreicht werden könne. Man solle den Jugendlichen deutlich machen, daß sie gar nicht so gesund sind, wie sie meinen, und daß ihre Leistungsfähigkeit bereits eingeschränkt ist. Allerdings war diese Auffassung nicht unumstritten. Das entscheidende Lehrziel sollte sein, die Schüler von der Erkenntnis vorhandener Defizite zu überlegtem Handeln zu bringen.

In diesem Zusammenhang wurde noch einmal auf die Vorbildfunktion des Lehrers hingewiesen. Gerade der Sportlehrer kann den Schülern als „gelebte Sinnorientierung im Sport" dienen, was den Bewußtmachungsprozeß über rein kognitive Lerninhalte hinaus verstärkt. Es sollte für den Sportlehrer selbstverständlich werden, sein eigenes Bewegungsverhalten zu reflektieren. Bewußtseinsveränderung bei Schülern, Schülereltern und Kollegen kann nur über ein entsprechendes Rollenverständnis des Sportlehrers bewirkt werden.

Bei der Diskussion der Frage, wie man das Interesse der Schüler an Fragen der Gesundheitserziehung wecken kann, wurde von Untersuchungen berichtet, die sich allerdings nicht auf die Schulsituation beziehen. Die Ergebnisse dieser Untersuchungen lassen vermuten, daß bestimmte unterrichtliche Maßnahmen und Zielsetzungen dazu beitragen können, psychisches Wohlbefinden zu erzeugen. Hierbei kommt es nicht so sehr darauf an, <u>was</u> im Unterricht gemacht wird, sondern <u>wie</u> man es macht:

1. Belastung, Beanspruchung (dies kann auch durch Rhythmuserleben ersetzt werden)
2. Zufriedenheit mit sich selbst, mit dem, was man getan und geleistet hat (Leistungszufriedenheit)
3. Fähigkeit zur Selbstwahrnehmung im Sport (durch sie wird die Wahrscheinlichkeit psychischen Wohlbefindens erhöht)
4. Möglichst breite und kurzfristige Motivierung (diese führt eher zu einer Verstärkung des psychischen Wohlbefindens).

Es herrschte Übereinstimmung, daß die hier implizierten unterrichtlichen Maßnahmen und Zielsetzungen nicht unproblematisch sind, da entsprechende Empfindungen in Widerspruch zu objektiven physiologischen Merkmalen treten können. Es gibt Personen, die nach intensiver Ausdauerbelastung subjektives Wohlbefinden äußern, nach medizinischen Kriterien sich jedoch eindeutig überlastet und damit auch der Gefahr von Schädigungen ausgesetzt haben.

In diesem Spannungsfeld zwischen objektiven physiologischen Faktoren und subjektiver Befindlichkeit befinden sich auch Schüler sehr häufig.

Bei der Diskussion der Frage, ob das Thema Gesundheitserziehung auch Gegenstand einer Unterrichtseinheit oder -reihe in der gymnasialen Oberstufe sein könne, wurde zusammenfassend festgestellt, daß es durchaus realistisch sei, sowohl im Grundkurs als auch im Leistungskurs eine Unterrichtsreihe mit dem Thema Sport und Gesundheit praxisbezogen durchzuführen, die den Schülern den Gesundheitsbegriff im Sport in seiner Multipolarität sichtbar macht. Konkrete Realisierungsmöglichkeiten konnten aus Zeitmangel nicht mehr in die Diskussion eingebracht werden.

Abschließend wurde eine Art Forderungskatalog für die weitere Arbeit aufgestellt:

1. Zusammenstellung einer Liste von schulrelevanten Aspekten von Gesundheit im Sport
2. Systematische Analyse der in den Richtlinien enthaltenen Aufgaben und Lerninhalte über Gesundheitserziehung
3. Entwicklung methodischer Hinweise, konkreter Unterrichtshilfen und -modelle und deren Erprobung
4. Umsetzung dieser Ergebnisse und Materialien im Rahmen der Lehreraus- und -fortbildung und Intensivierung der Fortbildung über Fachberater und Fachleiter.

In den Richtlinien sollte der Gesundheitsaspekt im LB II aus seiner relativen Enge und Bindung an physiologische und sportbiologische Fragestellungen herausgelöst werden. Darüber hinaus muß das Thema Gesundheit in den LB III einbezogen werden, und zwar mit deutlicher themenbezogener Schwerpunktsetzung. Dadurch würden den Lehrkräften weitere Hilfen angeboten, das komplexe Handlungsfeld, mit dem wir es im Sportunterricht zu tun haben, „themenorientiert" (wie die Richtlinien es fordern) zu erschließen. Die Chancen für eine fächerübergreifende Erschließung themenrelevanter Fragen, z.B. in Zusammenarbeit mit dem Biologielehrer, wurden wegen der unterschiedlichen Schullaufbahnen der Schülerinnen und Schüler eines Kurses in der gymnasialen Oberstufe sehr gering eingeschätzt.

Arbeitsgruppe IV – Sekundarstufe II / Berufliche Schulen

Berichterstatterin: Ltd. Regierungsschuldirektorin Helga Nies

Das Unterrichtsfach Sport kann eine Pilotfunktion in der Gesundheitserziehung an berufsbildenden Schulen übernehmen. Die Gesundheitserziehung ist in den „Richtlinien und Lehrplänen für den Sport in den Schulen im Lande Nordrhein-Westfalen" durch die 9 „Aufgaben des Schulsports" und durch die besonderen Hinweise zum Sport in den beruflichen Schulen abgedeckt.

I. Analyse

1. Struktur

Die berufsbildenden Schulen sind ein heterogenes System mit Schülern unterschiedlicher Eingangsvoraussetzungen und Zielsetzungen. Die Arbeitsgruppe nimmt bei der Bestimmung der Zielgruppe eine Schwerpunktbildung vor: Die Berufsgrundbildung und die berufliche Erstausbildung (duales System) gelten als Merkmale.

2. Zielgruppe

Die Betrachtung konzentriert sich auf Schüler der Berufsschule und des Berufsgrundschuljahres, die aufgrund ihrer Sportsozialisation aus allen Präventionskonzepten herausfallen. Jugendliche mit und ohne Ausbildungsvertrag werden oft durch die Unterrichtsinhalte des Sportunterrichts zu Aktivitäten motiviert.

3. Zielsetzung

Wenn es Aufgabe der Schule ist, bei der Bewältigung der Lebenssituation zu helfen, so ist es Aufgabe der berufsbildenden Schule, Hilfe bei der Bewältigung der beruflichen Wirklichkeit zu leisten.

Damit bekommt der Schulsport an berufsbildenden Schulen – insbesondere in der Verbindung mit Gesundheitserziehung für die beschriebene Zielgruppe – eine besondere Bedeutung.

Die Gesundheitserziehung im Sportunterricht hat insbesondere
– präventive,
– kompensatorische,
– sozialtherapeutische,
– freizeitbezogene,
– berufsqualifizierende Zielsetzungen.

Kompensatorisch wirkt der Sportunterricht im Sinne des Ausgleichs einseitiger Belastungen im Beruf. Er hilft zur Erhaltung langfristiger Leistungsfähigkeit für Beruf und Familie. Unfallgefährdung und Unfallhäufigkeit am Arbeitsplatz können durch gezielte Übungen und Bewußtmachungsprozesse im Sportunterricht vermindert werden.

Berufsqualifizierende Elemente erhält der Sportunterricht insofern, als er Reaktions- und Koordinationsvermögen für bestimmte berufliche Tätigkeiten schult. (Die Unterrichtsinhalte „Bewegung-Spiel-Sport" dienen als Mittel der sozialpädagogischen Arbeit des Erziehers in Kindergarten, Hort und Heim.)

4. Motive

Um die Schüler der o.g. Lerngruppe für den Sport und die Gesundheitserziehung zu motivieren, muß Sensibilität entwickelt werden.

Der Ansatz ist beim Lebensstil der Jugendlichen zu suchen. Besonders erfolgversprechend scheint das Einstiegsmotiv „Fitness" zu sein. Fitness steht als Synonym für „jung sein", „erfolgreich und dynamisch sein", „Freunde haben", „zur Welt der Erwachsenen gehören". Stabile soziale Kontake folgen.

5. Inhalte

In der Einstiegsphase bieten sich folgende Inhalte an:
Individuell bestimmtes Fitnesstraining (Laufen, Gymnastik, Übungen am Gerät) korrespondiert beim Jugendlichen mit der Vorstellung „Körperliche Stärke". Die Kraft wird zur Selbstdarstellung benutzt.

Gymnastik mit Musik, Aerobic, Jazzdance korrespondieren mit der Vorstellung von Attraktivität, Modernität und Schönheit, Begehrtsein.

Sowohl Fitnesstraining als auch Gymnastik nach Musik werden nach Aussagen der Experten von Jugendlichen beiderlei Geschlechts angenommen.

Nach gelungenem Einstieg müssen die unterschiedlichen klassischen Sportarten genutzt werden, um die Schüler langfristig an den Sport zu binden. Aber auch neue Inhalte wie Joga und Tai chi können den Schulsport bereichern.

6. Lehrkräfte

Die Lehrkräfte an berufsbildenden Schulen müssen in Besonderheit den Bedürfnissen der Schülerinnen und Schüler im Sportunterricht entsprechen. Sie müssen den Beruf und die Berufswirklichkeit der Schüler kennen und auf deren Lebensstil eingehen. Sie sollen Sensibilität und Modernität zeigen und lebensstilrelevante Informationen geben und im Hinblick auf die Gesundheitserziehung Modellcharakter annehmen.

7. Methoden

Je nach den situativen Voraussetzungen der Adressaten ist „Spaß" für den Sportunterricht eine wichtige „Schlüsselkategorie". Beim Lernen am realen Modell muß der Lehrer Vorbild für ein gesundheitsbewußtes Verhalten sein.

8. Organisation

Innere und äußere Differenzierung entsprechend der Sportsozialisation.

9. Fächerübergreifende Zusammenarbeit und Materialerstellung

Die berufsbildenden Schulen bieten besondere Möglichkeiten der Projektarbeit, z.B.
– Selbstbau von Fitnessgeräten und deren Nutzung,
– Bau von Geräten für einen Trimmpfad und Nutzung der Geräte,
– Anlegen von Spielplätzen und Bewegungssportanlagen,
– Arbeitsvorhaben: Sport und gesunde Ernährung,
– Arbeitsvorhaben: Arbeitsphysiologische Gegebenheiten am Arbeitsplatz und Ausgleich durch Sport.

Koordination der Projekte mit den Fächern: Technologie, Mathematik, Biologie, Chemie, Hygiene usw.
Einige Berufsfelder weisen Gesundheitserziehung als Unterrichtsprinzip aus (z.B. Berufsgrundschuljahr: „Gesundheit", „Ernährungs- und Hauswirtschaft"). Dies sollte für den Sportunterricht genutzt werden.

Auch Klassenfahrten und Sportfreizeiten können für die Gesundheitserziehung genutzt werden.

II. Maßnahmen

1. Grundlagenarbeit

1.1 Verstärkte Öffentlichkeitsarbeit für den Sport im Bereich der berufsbildenden Schulen

1.2 Forderung der Notwendigkeit des Sportunterrichts belegt durch Zielgruppenanalysen (spezifische Belastung einzelner Berufsgruppen nach Aussagen der Berufsgenossenschaften)

1.3 Kooperationsverbund auf Gemeindeebene unter Einbeziehung z.B. folgender Partner:
- Schule,
- Öffentlicher Gesundheitsdienst,
- Krankenkassen,
- Verband niedergelassener Ärzte,
- DRK, Malteser Hilfsdienst, DLRG.

1.4 Gespräche mit Arbeitnehmerverbänden und Gewerkschaften

2. Lehrerfortbildung

Die Sensibilisierung der Lehrer für die gesundheitserzieherischen Aufgaben des Sportunterrichts ist zentrales Anliegen aller Fortbildungsmaßnahmen

2.1 Materialgestützte Lehrerfortbildung

2.2 Schulstufen- bzw. schulformbezogene Fortbildungskonzepte mit Inhalten der Gesundheitserziehung

2.3 Theorie-Praxis-Verbund als Fortbildungskonzept

III. Initiativantrag

Die Mitglieder der Arbeitsgruppe wünschen den Abbau undifferenzierter Freistellung der Schüler vom Sportunterricht durch Ärzte. Sie bitten den Kultusminister initiativ zu werden.

Diskussionsergebnisse

Die Diskussion im Anschluß an die Darstelung der Ergebnisse der einzelnen Arbeitsgruppen gliederte sich in zwei Phasen:

1. Nachfragen und Ergänzungen zu den Kurzreferaten;
2. Stellungnahme der Experten zum Zusammenhang zwischen ihren Aussagen und den Arbeitsgruppenergebnissen.

Zu Punkt 1:

Eine biologisch-medizinische Fundierung der Gesundheitserziehung in der Schule durch Sport ist zwingend erforderlich. Beiträge hierzu können leisten

- die Lehrerausbildung, in der das unter dem Aspekt der Gesundheitserziehung notwendige Faktenwissen zu vermitteln ist;
- die Koordination der Fächer Biologie und Sport in der Schule (u.a. durch die Abstimmung der Lehrpläne);
- eine verstärkte Öffentlichkeitsarbeit zur Bewußtseinsbildung, die durch einen Kooperationsverbund zwischen Schulverwaltung/Schule, öffentlichem Gesundheitswesen, Krankenkassen u.a. geleistet werden sollte;
- eine gezielte Ausbildung von Moderatoren für die Lehrerfortbildung auf zentraler, regionaler und lokaler Ebene.

In einer Konzeption zur Gesundheitserziehung in der Schule durch Sport sollte der Gesundheitsbegriff auch die Aspekte wie „Unversehrtheit", „Sicherheit" und „Unfall" einschließen. Auf allen Schulstufen muß diesen Aspekten Rechnung getragen werden. Im Bereich der beruflichen Schulen muß diesen Aspekten auch im Sinne der Vorbeugung gegen Gefahren im Berufsleben Rechnung getragen werden.

Als notwendig angesehen wird eine landesweite Initiative zum Abbau undifferenzierter Freistellungen der Schüler im Schulsport (durch ärztliche Atteste).

Zu Punkt 2:

Nach allgemeiner Übereinstimmung der Teilnehmer sind die vorgetragenen Grundpositionen der Referenten in den Arbeitsgruppendiskussionen berücksichtigt worden. Allen Arbeitsgruppenergebnissen gemeinsam ist die Vorstellung, über plakative Forderungen nach gesundheitserzieherischen Maßnahmen im Schulsport hinaus Überlegungen anzustellen, wie Gesundheitserziehung in der Schule durch Sport praktisch und wirkungsvoll umgesetzt werden könne. Zu den wesentlichen Voraussetzungen für die Verwirklichung gesundheitserzieherischer Ziele im Schulsport gehört die positive Einstellung und das positive Verhalten des Kollegiums einschließlich der Schulleitung gegenüber der überfachlichen Aufgabenstellung „Gesundheitserziehung".

5. REFERAT

GESUNDHEITSERZIEHUNG IN DER SCHULE DURCH SPORT:
LEITLINIEN FÜR MASSNAHMEN IN DEN HANDLUNGSFELDERN

* GRUNDLAGENARBEIT   * CURRICULUMENTWICKLUNG
* LEHRERFORTBILDUNG   * SCHULISCHE MODELLE

Prof. Doris Küpper

Vorbemerkung

Der Versuch, am Ende einer inhaltlich dichten Tagung aus den erkennbaren Ergebnissen Leitlinien für die weitere Arbeit abzuleiten, muß in realistischer Selbst-
bescheidung seine Vorläufigkeit und Ergänzungsbedürftigkeit von vornherein un-
terstellen. Aus diesem Grunde wird auch der im Begriff „Leitlinien" enthaltene Gül-
tigkeitsanspruch durch die Wahl des Begriffs „Überlegungen" im Thema dieses
Beitrags relativiert.

1. Gesundheitserziehung in der Schule durch Sport: Anspruch und Wirklichkeit

Es gibt kein Argument zur Rechtfertigung des Faches Sport (oder Leibesübungen
oder Turnen) als Schulfach, das auf eine ähnlich lange Tradition auf eindeuti-
gere Widerspruchsfreiheit verweisen kann, als das Argument, Sporttreiben sei gesund. Sorgen um die Gesundheit der Jugend waren ein wesentlicher Grund für die
Einführung des Faches in den Schulen, gesundheitliche Argumente dienten der
Durchsetzungsstrategie inhaltlicher Reformansätze, und sicher wäre es ein Leich-
tes nachzuweisen, daß kein Lehrplan in der Geschichte des Faches darauf ver-
zichtet haben dürfte, auf die gesundheitliche Bedeutung der Leibesübungen hinzuweisen.

Mit der unstrittigen Akzeptanz der gesundheitlichen Bedeutung des Faches geht
jedoch ein Verständnis einher, das sich mit einer funktionalen Wirkweise begnügt.
Allzu leicht vertraut man bereits auf gesundheitliche Wirkungen, wenn nur Sport
im Bereich der Schule stattfindet.

Wenn in der jüngeren fachlichen Diskussion kritische Stimmen darauf aufmerksam
machen, daß die erhoffte Gesundheitsförderung wegen zu geringer Reizdauer und
Reizdichte nach neueren trainingstheoretischen Erkenntnissen gar nicht erzielt
werden könne, so ist dies keineswegs als resignierender Abschied von einer jahr-
hundertealten Behauptung zu werten; vielmehr macht eine solche Einsicht deutlich, daß die gesundheitserzieherische Bedeutung des Sportunterrichts offensichtlich zu eng gefaßt wird, wenn sie nur als momentane Gesundheitsförderung verstanden wird. Ihre Chancen und Möglichkeiten liegen viel eher in einer langfristig
wirksamen zukunftsorientierten Gesundheitserziehung.

Die Referate und Diskussionen dieser Tagung haben eine Reihe von Denkanstö-
ßen geliefert, die die Konturen dessen, was unter einer solchen langfristig wirksamen zukunftsorientierten Gesundheitserziehung zu verstehen sei, zumindest skiz-
zenhaft umreißen.

Deutlich wurde aber zugleich, daß zur weiteren Konkretisierung eines solchen An-
satzes der Gesundheitserziehung weitere Arbeiten nötig sind.

Dieses Expertengespräch ist so zu verstehen, daß es den Auftakt zu einer gemeinsamen Anstrengung der Verantwortlichen und Interessierten bildet, Gesund-

heitserziehung durch Sport in der Schule von der bloßen Behauptung zu einer Tat-Sache zu entwickeln.

2. Begriffsabgrenzungen

Die Tagungsergebnisse legen den Schluß nahe, daß zwei Begriffe, die das Tagungsthema umreißen, von annähernd konsensfähigen Vorstellungen getragen sein müssen; dies sind die Begriffe ‚Gesundheit‘ und ‚Sport‘.

2.1 Zum Begriff ‚Gesundheit‘

In mehreren Tagungsbeiträgen wurde der Gesundheitsbegriff ausdrücklich thematisiert (vgl. Referate BECKERS, BRODTMANN, de MARÉES); folgende Aspekte zeichneten sich zur definitorischen Annäherung ab:

– Der zu Grunde zu legende Gesundheitsbegriff darf weder zu eng (frei sein von akuten oder chronischen Krankheitserscheinungen) noch zu weit (vollkommenes psycho-physisches und soziales Wohlbefinden) gefaßt werden.

– Gesundheit kann weder einem absoluten Maßstab unterstellt noch als beschreibbarer Zustand definiert werden; Gesundheit ist relativ (bezogen auf individuelle Voraussetzungen, Lebenssituationen, Umweltbedingungen ...) und prozeßhaft (d.h. als sich verändernde und veränderbare Lebensqualität) zu verstehen.

– Der den weiteren Überlegungen zu Grunde zu legende Gesundheitsbegriff sollte von einem Verständnis ausgehen, das Gesundheit als <u>Aufabe</u> in die Verantwortung des Einzelnen stellt. Gesundheit als <u>Herausforderung</u> verlangt die handelnde Auseinandersetzung des Menschen mit den Voraussetzungen und Gestaltungsmöglichkeiten einer gesunden Lebensführung.

– Eine solche handelnde Auseinandersetzug muß die Verantwortung nicht nur für die eigene Person, sondern auch für ihr soziales Umfeld einschließen. Gesundheit ist somit nicht nur als individuell, sondern auch als sozial zu fassende Lebensqualität zu begreifen (RITTNER). Dies schließt die kritische Auseinandersetzung mit den Bedingungen der Umwelt und Anstrengungen zu ihrer gesundheitsgerechten Gestaltung mit ein.

– Der Krankheitsbegriff kann zur definitorischen Annäherung an das zu unterstellende Gesundheitsverständnis nur begrenzt herangezogen werden (de MARÉES); er dient jedoch nicht als absoluter Gegenpol, sondern eher als negative Qualität eines Spektrums, in dessen Spannweite die Erfahrung von Gesundheit als positive Lebensqualität sehr individuell und prozeßhaft zu bestimmen ist.

2.2 Zum Sportbegriff

Die Verbindung von Gesundheitserziehung und Sport ist geeignet, gewisse Voreingenommenheiten zu provozieren; mit dem Höchstleistungs- und Spitzensport verbinden sich Vorstellungen von gesundheitlichen Gefährdungen bis hin zu Exzessen der Leistungsmanipulation, die im Widerspruch zur Gesundheitsorientierung stehen.
Deshalb ist es notwendig, den im Handlungsprogramm unterstellten Sportbegriff wenigstens grob zu umreißen.

– Der Sportbegriff ist so weit zu fassen, daß in ihm <u>auch</u> solche Sinnorientierungen legitim sind, die sich von einer traditionellen eindimensionalen Deutung auf Leistung und Überbietung hin unterscheiden (vgl. Referat BRODTMANN). Ein solcher Sportbegriff schließt Situationen der kooperativ-spielhaften Bewegungsaktivität ebenso mit ein, wie die Erschließung vielseitiger Bewegungserfahrungen, Erfahrungen der Entspannung und Erholung, die im Einzelfall vielleicht auch Raum geben können für eine meditative Ausrichtung. Ihre je spezifische Bedeutung und Gewichtung im schulischen Bereich muß von Fall zu Fall diskutiert werden.

– Der unterstellte weite Sportbegriff darf dennoch leistungsorientiertes Sporttreiben nicht ausblenden; auch für diesen Bereich stellen sich gesundheitserzieherische Aufgaben, die im Rahmen des Schulsports angegangen werden müssen.

Die vermuteten langfristigen Bindungen an den Sport durch eine adressatengerechte Wettkampforientierung dürfen als unterstützende Wirkungen für ein gesundheitsorientiertes Sporttreiben nicht unterschätzt werden.

3. Überlegungen für die weitere Arbeit

– Die Diskussionen in allen Arbeitskreisen haben deutlich gemacht, daß eine gesundheitsbezogene Akzentuierung des Schulsports auf der Grundlage der vorliegenden Richtlinien für den Sport möglich und sinnvoll ist und daß damit keine neuen und zusätzlichen Aufgaben an den Schulsport herangetragen werden.

Allerdings ist es notwendig, die Richtlinien einer systematischen Analyse mit dem Ziel zu unterziehen, bereits vorhandene Ansatzpunkte für gesundheitserzieherische Akzentuierungen zu ermitteln, die Ausgangspunkt für weitere Ausdifferenzierungen im Sinne gesundheitlicher Wirksamkeit sein könnten.

– Für eine solche Richtlinienanalyse im vorweg dargestellten Sinne erscheint der Versuch erwägenswert, in konkretisierender Annäherung Bestimmungsmerkmale im Sinne konsensfähiger Umschreibungen von Gesundheitserziehung im Schulsport zu ermitteln. Aus solchen Bestimmungsmerkmalen könnte in Verbindung mit noch zu bestimmenden formalen Kategorien eine Art Suchraster für die Konkretisierung von gesundheitserzieherischen Aufgaben entwickelt werden.

Bei der Analyse der Richtlinien sind zwei Umsetzungsstrategien zu bedenken:

* die Umsetzung gesundheitserzieherischer Aufgaben als Prinzip des Schulsports;
* die Umsetzung gesundheitserzieherischer Aufgaben auf der Grundlage spezifischer Inhalte.

– Den organisatorischen Rahmen für die Realisierung von Gesundheitserziehung im Schulsport liefern die in den Richtlinien entwickelten Strukturelemente des Schulsports im unterrichtlichen und außerunterrichtlichen Bereich.

– Geht man von dem im Handlungsprogramm entwickelten Baustein-Prinzip aus, so sind in der weiteren Arbeit solche „Bausteine der Gesundheitserziehung" zu entwickeln und ihre Bedeutung so zu gewichten, daß man eventuell zu einer Entscheidung für „gesundheitserzieherische Elemente im Fundamentum" kommt, die über den Pflichtunterricht als verbindliches Basisprogramm jedem Schüler zu vermitteln sind.

Eine weitere Ausdifferenzierung von ergänzenden Bausteinen könnte für den Wahlpflichtunterricht (gesundheitserzieherische Möglichkeiten z.B. auch unter Aspekten der Sicherheit in sportartspezifischen Kursen) und den Förderunterricht (in den Richtlinien noch verengend als Schulsonderturnen bezeichnet; hier wären besondere Bausteine für förderungsbedürftige Schüler zu entwickeln) erfolgen.

– Weitere Bausteine sind für das hinsichtlich der gesundheitserzieherischen Aufgaben bisher kaum beachtete Spektrum außerunterrichtlicher Angebote des

Schulsports zu entwickeln (Arbeitsgemeinschaften unter gesundheitsbezogener Thematik; Sportfreizeiten mit gesundheitsbezogenem Schwerpunkt; Bewegungsumwelt Pause und ihre gesundheitliche Bedeutung...).

– Die dargestellten Ansatzmöglichkeiten im Sportunterricht und im außerunterrichtlichen Schulsport beziehen sich auf die spezifischen gesundheitserzieherischen Möglichkeiten des Schulsports. Darüber hinaus ergeben sich Mitwirkungsmöglichkeiten des Schulsports in fächerübergreifenden gesundheitserzieherischen Vorhaben; allerdings bieten sich solche Chancen in Abhängigkeit von bestimmten Schulformen in unterschiedlichem Maße (begrenzte Möglichkeiten in der gymnasialen Oberstufe, besondere Möglichkeiten im beruflichen Schulwesen):

* Bei der Planung und Durchführung von Projektwochen kann das Thema Gesundheit verstärkt berücksichtigt und in Kooperation mehrerer Schulfächer aufgearbeitet werden.

* Punktuelle Einzelaktionen, die für sich genommen vielleicht problematisch, weil wenig wirksam sind (Alibifunktion!), können jedoch längerfristig wirksame Umsetzungsmodelle unterstützen. So könnte ein „Tag der Gesundheit" an einer Schule interne und externe Werbewirkungen für gesundheitsorientiertes Handeln zeitigen, die den am gesundheitserzieherischen Gesamtkonzept langfristig aktiv wirkenden Lehrern der beteiligten Fächer zumindest ideelle Unterstützung von Schulleitungen, Eltern und Öffentlichkeit verschaffen könnten.

– Gesundheitserzieherische Bausteine müssen im Sportunterricht und außerunterrichtlichen Schulsport umgesetzt werden. Dazu bedarf es konkretisierender Einstellungs- und Motivationsuntersuchungen für verschiedene Altersgruppen. Die während der Tagung immer wieder geäußerte Skepsis gegenüber einem eventuell unterstellten Gesundheitsbewußtsein bei Kindern und Jugendlichen hat dies deutlich gemacht; im Referat von RITTNER wurden mit dem Stichwort „Spaß" erste Denkanstöße in diese Richtung geliefert.

– Die in den Arbeitskreisen mehrfach geforderte Entwicklung konkreter Modelle zur schulischen Umsetzung der Gesundheitserziehung muß unterschiedliche Voraussetzungen des Lebensalters, der Sportsozialisation und der je spezifischen Schul- und Lebenssituation von Kindern und Jugendlichen berücksichtigen. Einige Orientierungshinweise wurden dazu bereits in den Arbeitskreisdiskussionen angedeutet, so z.B. die unterschiedliche Bedeutung der kognitiven Dimension in verschiedenen Schulstufen (Primarstufe – Verhaltensänderung durch Gewöhnung; Gymnasiale Oberstufe – Einheit von Handeln und Erkennen, Prinzip der verstärkten Bewußtheit des Lernens; Berufsschule – Gesundheitserziehung als Hilfe zur Bewältigung der beruflichen Wirklichkeit).

– Für die Umsetzung der gesundheitserzieherischen Aufgaben im Schulsport sind Materialien zu entwickeln,

* die Sportlehrkräften Handlungsorientierungen geben und Vermittlungsstrategien aufzeigen,

* die Informationen für Schülerinnen und Schüler und deren Eltern liefern und die Anreize zur regelmäßigen Bewegung schaffen.

– In die konkretisierenden Maßnahmen sind auch Planungsaktionen für Aufklärungsarbeit und gemeinsame Aktivitäten mit anderen Partnern einzubeziehen. Wichtige Ansprechpartner sind

* Eltern,
* Ärzte,
* Schulleitungen/Schulaufsicht,
* Öffentlicher Gesundheitsdienst,
* Krankenkassen,
* Sportorganisationen,
* Arbeitgeber und Gewerkschaften (für den Bereich der beruflichen Schulen).

Solche Kooperationsansätze könnten sich im günstigsten Fall zu einem „Kooperationsverbund Prävention" verdichten.

- Die weiteren Arbeiten müssen auch der Frage nachgehen, welche personellen Möglichkeiten und Probleme mit der Umsetzung des Handlungsprogramms verbunden sind.

  * Die entwickelten curricularen Präzisierungen, die Ergebnisse schulischer Modellversuche, die erarbeiteten Materialien sind verstärkt in regionale und lokale Maßnahmen der Lehrerfortbildung einzubeziehen.

  * Ob das Handlungsprogramm auch zu spezifischen Weiterbildungsmaßnahmen führen kann, müßte von den Entscheidungsträgern solcher Maßnahmen geprüft werden.

- Es muß versucht werden, das Rollenverständnis des Sportlehrers dahingehend zu erweitern und zu präzisieren, daß nicht nur eine beratende Funktion in Fragen von Sport und Gesundheit als Teil seiner beruflichen Aufgabe akzeptiert wird, sondern daß er auch Gesundheitsbewußtsein und gesunde Lebensführung als Vorbild vorlebt (vgl. Einführungsreferat EULERING).

- Das an vielen Schulen bereits praktizierte Mentorensystem, in dem ältere Schüler für jüngere Schüler tätig werden, könnte die Mentorenschaft auf gesundheitsförderndes Sporttreiben in und nach der Schule beziehen.

- Einige schulrechtliche Konsequenzen, die zu ziehen sind, können nur noch in Form von Fragen angedeutet werden:

  * Wie stellt sich die Schulaufsicht unter gesundheitserzieherischer Perspektive zum Ausfall von Sportunterricht und zum ohne Lehrbefähigung erteilten Sportunterricht?

  * Welche Konsequenzen ergeben sich aus der Akzentuierung gesundheitserzieherischer Aufgaben des Schulsports für die Notengebung; kann etwas aus dem gesundheitlichen Engagement von Schülern in die Sportnote einfließen?

- Es muß über eine gesundheitsgerechte Ausstattung von Sportstätten nachgedacht werden; die DIN-Vorschriften der Normalausstattung von Sportstätten berücksichtigen diesbezügliche Ansprüche kaum (z.B. Softbälle, psycho-motorische Geräte...).

4. Bewußtseinsänderung als Bedingung

Zur Durchsetzung des Programms bedarf es in mehrfacher Hinsicht der Bewußtseinsänderung bei verschiedenen Personengruppen:

- bei Schulleitern, Lehrern und Sportlehrern über die Bedeutung gesundheitsbezogener Ziele im Spektrum anderer Ziele des Sportunterrichts und über die Stellung des Faches Sport im Kanon aller gesundheitsrelevanten Fächer/Lernbereiche;

- bei Eltern über die Bedeutung der eigenen gesunden Lebensführung und ihre unterstützende Wirkung;

- bei Ärzten über die Möglichkeiten und Chancen, durch Bewegungsaktivität auch in Fällen leichterer Beeinträchtigung der Gesundheit zur Wiedergesundung beizutragen (Problem der Freistellung vom Sportunterricht);

- im Bereich der Sportorganisationen über die Notwendigkeit besonderer Bemühungen um gesundheitlich gefährdete (oftmals „sportschwache") Kinder und Jugendliche und über die Chancen der Zusammenarbeit Schule/Verein unter der leitenden Zielvorstellung „Gesundheit";

- und schließlich in der Öffentlichkeit über die Bedeutung eines Konzepts der Gesundheitsvorsorge durch Sport und Bewegung.

Diskussionsergebnisse

Im Anschluß an das Referat ergab sich eine zweiteilige Diskussion. Im ersten Teil ging es um Nachfragen und Ergänzungen zum Referat, im zweiten Teil wurden Vorschläge über bereits durchgeführte bzw. wünschenswerte Maßnahmen zum Thema „Gesundheitserziehung in der Schule durch Sport" gemacht.

Zu Punkt 1:

Es darf nicht übersehen werden, daß im Bereich der beruflichen Schulen auch die Arbeitgeber in den Prozeß der Bewußtseinsbildung einbezogen werden müssen. Die im Referat entwickelte Vorstellung von einem „Fundamentum Gesundheit" im Schulsport kann folgenderweise interpretiert werden:

– Sicherung eines bestimmten Bestandes an gesundheitlicher Orientierung und Akzentuierung im Fundamentum der „Richtlinien und Lehrpläne für den Sport in den Schulen im Lande Nordrhein-Westfalen",

– Sicherung eines Bestandes an Wissen, Einsichten und Erfahrungen über den Zusammenhang von Gesundheit und Sport im Sportunterricht, wie in den Angeboten des außerunterrichtlichen Schulsports.

Das „Fundamentum Gesundheit" im Schulsport kann auch als „Sockelprogramm" der Gesundheitserziehung in der Schule durch Sport bezeichnet werden. Als ergänzende/aufbauende „Bausteine" wären gesundheitserzieherische Programme z.B. in Sportarbeitsgemeinschaften, im Pausensport, in Sportfreizeiten denkbar. Für die verschiedenen Bereiche müßten Bausteine konzipiert werden, die die Besonderheiten der verschiedenen Altersstufen berücksichtigen.

Zu Punkt 2:

Die notwendige Bewußtseinsbildung zum Thema „Gesundheitserziehung in der Schule durch Sport" kann u.a. durch folgende Maßnahmen verstärkt werden:

– Die Ausbildung der Humanmediziner sollte den Bereich Sportmedizin verpflichtend enthalten. Diese Forderung sollte durch Elternschaft und Krankenkassen unterstützt werden. Darüber hinaus sollte „Gesundheit" als aktive Maßnahme in die Ärzteausbildung integriert werden.

– Die Öffentlichkeitsarbeit zum Thema „Gesundheit und Sport" sollte darauf abzielen, die Zielgruppen betroffen zu machen. Dies wird derzeit z.B. im Bereich der Umwelterziehung vorbildlich betrieben. Hierzu notwendig wäre eine verstärkte Medienarbeit, z.B. die Entwicklung von Medienreihen, durch welche

* die allgemeine Öffentlichkeit – ähnlich wie es die Sendereihe „7. Sinn" für Problemsituationen im Straßenverkehr macht – für „Gesundheit und Sport" sensibilisiert werden könnte;

* Lehrkräfte und Schulleiter über wesentliche Teilaspekte des Themas „Gesundheitserziehung und Schulsport" – vgl. Medienreihe zum Thema „Sicherheitserziehung und Unfallverhütung", die in Bayern entwickelt wurde und in der Fortbildung der Grundschullehrkräfte eingesetzt wird – informiert werden könnten.

– Die Möglichkeit einer länderübergreifenden Kooperation sollte stärker genutzt werden, um Informationen besser fließen zu lassen und Mehrfacharbeit zu vermeiden.

6. GESUNDHEITSAUFKLÄRUNG UND GESUNDHEITSSICHERUNG – EINE WICHTIGE AUFGABE DER KRANKENVERSICHERUNG
Verwaltungsdirektor Wilfried Jacobs

Herzlichen Dank für Ihren Besuch hier im Bildungszentrum. Ich bin kein Mediziner, kein Pädagoge, auch kein Sportlehrer, ich bin auch nicht in der Situation, hinterher das umsetzen zu müssen, was Sie in den letzten zwei Tagen hier entwickelt haben. Ich bin privat und auch als Vertreter der Ortskrankenkassen Rheinland ein Interessent an der Gesundheitsbildung und an der Gesundheitssicherung. Ich bin überzeugt, daß die zwei Tage deutlich gezeigt haben, daß der Schulsport eine Pilotfunktion im Bereich der schulischen Gesundheitserziehung übernehmen kann und sollte. Hierfür gibt es an verantwortlicher Stelle, nämlich im Kultusministerium, gute Ideen, aber wenig Geld.

In der Vergangenheit habe ich es bereits oft erlebt, daß gute und hervorragend geplante Projekte in der Gesundheitserziehung scheiterten, weil einfach die nötigen Mittel fehlten. Darauf zu hoffen, daß die Gesundheitspolitiker hier helfen, ist Wunschdenken. Die Ortskrankenkassen sind bereit zu helfen, und wir sind erfreut über die Kooperation mit dem Kultusministerium. Ich kann Ihnen versichern, daß wir sie ausbauen werden, auch investiv, um das schon einmal vorweg zu sagen.

Lassen Sie mich mit zwei Sätzen etwas über die Situation der Krankenversicherung sagen. Heute morgen hat der Vorsitzende unseres Bundesverbandes davon gesprochen, daß wir bald die Beitragssätze auf 18 % anheben müssen. Auf diese Entwicklung muß man sich zumindest mittelfristig einstellen. Wir haben im Gesundheitswesen ein Überangebot von Gesundheitsanbietern. Das werden sicherlich die Ärztevertreter nicht gerne hören, aber es muß trotzdem gesagt werden. Wenn wir zu viele Ärzte haben, müssen dies die Versicherten über ihre Beiträge bezahlen.

Über diese Entwicklung muß intensiv nachgedacht werden. Das tun die Ärzte im übrigen auch gemeinsam mit uns. Die ärztlichen Organisationen denken – wenn auch aus anderen Motiven – darüber nach, wie die Zahl der Ärzte reduziert werden kann. Die Überproduktion von Ärzten, die Überproduktion von Krankenhausbetten, die Überproduktion auch im Pharmabereich sind die Kostenbereiter Nr. 1 im Gesundheitswesen. Wir müssen aufpassen, daß wir das Geld, was wir zur Verfügung haben, in die Entwicklung der Medizin investieren, wo es sinnvoll ist. Ich könnte mich z.B. damit anfreunden, daß man ein wenig mehr Geld für die Sportmedizin aufwendet. Das werden sicherlich die Sportmediziner gerne hören. Dem gegenüber halte ich überhaupt nichts davon, daß wir zuviel Geld ausgeben für eine nicht funktionierende Kooperation zwischen allgemeinen Praxen und dem Krankenhaus.

Der Gesetzgeber hat in der Vergangenheit versucht, durch Kostendämpfungsgesetze diese Entwicklung einzudämmen. Die Gesetze haben nichts gebracht. Wir haben im Jahre 1986 alleine bei den pharmazeutischen Mitteln wieder 1 Milliarde Mark mehr ausgegeben. Wir schlucken pro Kopf statistisch 1.004 Tabletten im Jahr. Wir sind ein Volk von Tablettenschluckern und es muß auch einmal darüber nachgedacht werden, wie man hier sehr früh und wirkungsvoll gegensteuert. Herr Blüm konzentriert sich bisher auf Appelle. Appelle erwiesen sich aber immer als sinnlos. Es müssen vernünftige Programme her. Im Bereich der Gesundheitsvorsorge sind sich die Politiker im Grundsatz einig. Nur wie das laufen soll und wer das finanzieren soll, wird nicht gesagt.

Die Ortskrankenkassen sind für mehr Gesundheitsvorsorge, weil wir uns eine bessere, vernünftigere und auch sinnvollere Kostendämpfungsmaßnahme nicht vorstellen können.

Wir haben bereits sehr viele Modelle im Rheinland eingeleitet, wodurch wir versuchen, z.B. durch eigene Gesundheitszentren, die Angebotspalette zu erweitern. Dort finden Ernährungsberatungskurse und Anti-Raucher-Kurse statt. Wir fördern den Sport vor Ort, hier seien nur die Ortskrankenkassen in Mettmann, Düsseldorf und Köln genannt. Auf der anderen Seite, meine Damen und Herren, genügt es nicht, wenn wir nur solche Angebote machen. Angebote müssen auch interessant sein, damit die Menschen hingehen. Wir erweitern zur Zeit die Angebotspalette auf die Bereiche der Streßbewältigung, der Entspannung, des Medikamentenmißbrauchs.

Wir praktizieren in der Gesundheitssicherung den Stil „weg vom erhobenen Zeigefinger". Wir propagieren eine Gesundheitsaufklärung, eine Gesundheitserziehung, die Freude bereitet. Ich kann die Worte Sport und Spaß ruhig benutzen. Es muß Sinn geben. Es muß kein Verbot sein, das funktioniert nicht. Es hat auch keinen Zweck, wenn wir Angebote machen und versuchen, die Leute einzufangen nach dem Motto „wir suchen Übergewichtige und sagen: Willst Du nicht in den Kursus kommen?". Das ist kein Motiv, der muß aus eigenem Antrieb kommen.

Wir haben in der Gesundheitsaufklärung eine Explosion im Medienmarkt, wir brauchen keine neuen Medien mehr, es reicht. Das Problem sind nicht die Medien, das Problem sind die Angebote, die personifizierten Angebote. Wir müssen Angebote unterbreiten, an denen man gerne teilnimmt und nicht eine Medienproduktion am laufenden Band. Die Menschen können das gar nicht mehr alles lesen.

Warum und wann sind wir bereit zur Kooperation in der Gesundheitssicherung, das ist die Frage, die Herr Pack gestellt hat. Es gibt dafür drei Bedingungen. Die erste Bedingung ist, es müssen klare Projektziele existieren, die mit unseren Überlegungen übereinstimmen. Uns ist ein eingegrenztes Projekt lieber als ein Projekt im Breitwandstil. Breitwandprojekte können Sie nicht kontrollieren, die versanden häufig.

Uns ist lieber, es sagt uns jemand, ich mache in meiner Schule ein Modell, mit dem Ziel, Jugendliche von 10 bis 12 Jahren ganz bewußt an eine Sportart heranzuführen. Das ist uns lieber als große Breitwandprojekte. Also erste Bedingung: Klare Projektziele, die mit unseren Überlegungen einhergehen. Zweitens ein professionelles Projektmanagement. Wir benötigen keine klangvollen Namen, sondern Menschen mit fundiertem Sachverstand. Das dritte ist, Einbau von Mechanismen der Erfolgskontrolle. Natürlich wachsen bei uns auch nicht die Bäume in den Himmel, die Gelder sind auch bei uns begrenzt. Wir haben aber die Chance, gute Projekte, begrenzte Projekte, zu fördern. Wir arbeiten z. B. sehr intensiv mit den Volkshochschulen zusammen und sehr häufig mit Sportvereinen, umso intensiver demnächst auch mit dem Kultusministerium im schulischen Bereich.

Wir haben auch keine Berührungsängste mit den Hochschulen. Es wäre schön, wenn die Ausbildung der Lehrer und auch ähnlicher Berufe in Fragen der Gesundheitserziehung vernünftig institutionalisiert würde.

Wir sind allerdings dagegen, daß in der Arztpraxis Gesundheitserziehung betrieben werden soll. Der Arzt darf nicht in Bereichen agieren, wo es andere gibt, die das besser und preiswerter können, und da gibt es eine Menge. Andere dürfen aber auch nicht das tun, was der Arzt kann. Es darf sich keiner anmaßen – auch nicht die Krankenkassen –, in Bereiche hineinzugehen, wo ein medizinischer Sachverstand unbedingt notwendig ist. Das ist eine Domäne der Ärzte und soll es bleiben. Aber es ist nicht notwendig, daß der Arzt zum Ernährungsberater wird, wenn es dafür Ernährungsberaterinnen gibt, die die Krankenkassen beschäftigen oder andere Institutionen, die das viel besser können als der Arzt und viel preisgünstiger. Hier glaube ich, müssen sich die Ärzte auch noch ein wenig umstellen. Ich bin sicher, es wird geschehen.

Ein letztes Wort zur Gesundheitserziehung in Schulen. Wir sind durchaus daran interessiert, Pilotprojekte zu fördern, z.B. Unterrichtseinheiten zur Suchtproblematik, zum Sport, zur Ernährung. Uns schwebt auch ein Wettbewerb vor nach dem Motto: Wer ist die sportlichste Schule im Rheinland? Hier kann man interessante Kriterien entwickeln, z.B. wieviel Sportstunden sind eigentlich in der Schule ausgefallen, wie schneidet die Schule ab bei den Bundesjugendspielen, wie viele der Schüler sind Rettungsschwimmer, wieviel Schüler sind ausgebildet in Erster Hilfe.

Ich könnte mir vorstellen, daß es sich lohnt, darüber nachzudenken. Ich glaube auch, daß wir dazu kommen könnten, künftig ein Aktionsseminar für Sportlehrer über aktiven Schulsport zu machen. Die Beispiele sind exemplarisch.

Uns haben die zwei Tage sehr viel Informations-Know-how gegeben. Ich persönlich danke Ihnen sehr für Ihre zum Teil leidenschatlichen Diskussionen zu dieser interessanten Thematik.

7. SCHLUSSWORT
Ministerialrat Rolf-Peter Pack

Das Thema Gesundheit ist in den letzten Jahren zunehmend in den Mittelpunkt sportpolitischer Erörterungen und damit wieder einmal in den Mittelpunkt der Schulsportpolitik gerückt. Die gesundheitsorientierte Zielsetzung des Schulsports ist damit nicht neu, sondern allenfalls wieder einmal aktuell. Sie war das wichtigste Argument für die Einführung des Schulturnens in Deutschland in der Mitte des 19. Jahrhunderts und ist heute als zentrale Aufgabe des Schulsports in allen Richtlinien und Lehrplänen für den Schulsport beschrieben. Es hat allerdings in der Entwicklung der gesundheitsbezogenen Zielsetzung des Schulsports von der Mitte des 19. Jahrhunderts bis heute Veränderungen gegeben. Ich möchte nur zwei Aspekte hervorheben.

Zunächst zum Begriffsverständnis. Die Spielarten der Begriffsbestimmung reichen von der Wehrhaftigkeit bis zum Wohlbefinden, von der Arbeitsfähigkeit bis zur Ausdauer. Im Verlauf dieser Tagung wurde die Körpererfahrung in besonderer Weise akzentuiert: Der Schulsport soll dazu beitragen, das Bewußtsein für den eigenen Körper zu entwickeln und zu festigen. Zugleich wurde betont, daß der Schulsport in stärkerem Maße als Quelle der Entspannung im Schulalltag gesehen werden sollte. Mit dieser Akzentsetzung hat das Expertengespräch die gegenwärtigen Entwicklungstendenzen im definitorischen Bereich verdeutlicht. Maßnahmen zur Förderung der Gesundheitserziehung in der Schule durch Sport sollten sich an dieser Sinnrichtung orientieren.

Ein zweiter Aspekt ist die gesundheits- und sportpolitische Bewertung des Themas. Auch hier hat es deutliche Veränderungen gegeben, auf die ich im einzelnen nicht eingehen möchte. Die gegenwärtige Betrachtung leitet sich ab aus den zunehmenden gesundheitlichen Gefährdungen der Kinder und Jugendlichen (u.a. im Zusammenhang mit der Umweltdiskussion) und der erschreckenden Kostenentwicklung im Gesundheitswesen. Wie bei fast allen Problemen unserer Gesellschaft, so rückt auch hier die Schule – und mit ihr der Schulsport – in den Mittelpunkt gesundheits- und sportpolitischer Forderungen. Zu den profiliertesten gehören zur Zeit die Analysen und Forderungen der gemeinsamen Kommission „Gesundheit" des Deutschen Sportbundes und des Deutschen Sportärztebundes vom 29.11.1985, zu den extremsten die Forderung von ILKER nach „Beendigung des Experiments Schulsport".

Das Expertengespräch hat auch hier eigene Akzente gesetzt: Die „Richtlinien und Lehrpläne für den Sport in den Schulen im Lande Nordrhein-Westfalen" wurden als ausreichende Grundlage für Maßnahmen zur Förderung der Gesundheitserziehung in der Schule durch Sport bezeichnet. Es wurde festgestellt, daß Maßnahmen zur Förderung der Gesundheitserziehung in der Schule durch Sport vor allem darauf abzielen müssen, Bewußtsein zu verändern sowie praktische Hilfen und Anregungen zu geben. Das „Handlungsprogramm zur Förderung der Gesundheitserziehung in der Schule durch Sport im Land Nordrhein-Westfalen" wurde als konzeptionelle Rahmenvorgabe für entsprechende Aktivitäten bestätigt. Die Beiträge der Referenten und die Diskussionen in den Arbeitskreisen füllten den im Handlungsprogramm vorgegebenen Rahmen und eröffneten vielfältige konkrete Ansatzpunkte für die nun anstehenden Umsetzungsmaßnahmen.

Die Fülle der Anregungen erlaubt keine zusammenfassende Bewertung. Insbesondere die folgenden grundlegenden Aspekte erscheinen mir jedoch im Hinblick auf die Umsetzung des Handlungsprogramms als besonders bedeutsam:

1. Gesundheitserziehung in der Schule durch Sport darf sich nicht auf die Vermittlung von gesundheitsbezogenen Fähigkeiten, Fertigkeiten und Kenntnissen beschränken; sie muß darauf abzielen, die Schülerinnen und Schüler zu selbstverantwortlichem gesundheitsbezogenem Handeln im Sport zu führen.

2. Gesundheitserziehung in der Schule durch Sport darf sich nicht an abstrakten Normen orientieren; sie muß – um die erwünschte langfristige Wirkung zu zeigen – so angeboten werden, daß alle Schülerinnen und Schüler die Möglichkeit haben, ihre individuelle Sinnorientierung zu finden.

3. Gesundheitserziehung in der Schule durch Sport sollte nicht das Etikett „Gesundheit" tragen; die Gesundheitswirksamkeit des sportlichen Handelns sollte vielmehr von Motiven getragen werden, die der Befindlichkeit der jeweiligen Altersgruppe naheliegen.

Es ist nun die Aufgabe der Veranstalter, die Ergebnisse dieses Expertengesprächs im Detail zu sichern und auszuwerten. Die Tatsache, daß eine Fülle von Ergebnissen vorliegt, ist das Verdienst aller Beteiligten.

Ich möchte mich bedanken beim Hausherrn, dem Verband der Ortskrankenkassen Rheinland, bei allen Referenten und Arbeitsgruppenleitern sowie den Teilnehmern. Ich bedanke mich bei den an der inhaltlichen und organisatorischen Vorbereitung des Expertengesprächs Beteiligten, einschließlich derjenigen Organisationen und Institutionen, die durch umfangreiche Literaturrecherchen einen wesentlichen Beitrag geleistet haben.

Lassen Sie mich abschließend aufzeigen, daß dieses Expertengespräch nicht als einmalige Aktion geplant war, sondern eine Auftaktveranstaltung für weitere Aktivitäten ist. Folgende Maßnahmen sind von seiten des Kultusministers des Landes Nordrhein-Westfalen nunmehr konkret geplant:

1. Auswertung des Expertengesprächs (u.a. Dokumentation, Weiterentwicklung von Leitlinien, Erarbeitung eines Maßnahmen- und Prioritätenkatalogs);

2. Berufung einer Expertenkommission (Koordinierungsinstanz);

3. Erarbeitung von praktischen Empfehlungen für die Hand des Lehrers (Handreichungen);

4. Durchführung von Fortbildungsmaßnahmen (Gesundheitserziehung in der Schule durch Sport als Schwerpunktthema der zentralen, regionalen und lokalen Lehrerfortbildung Sport, einschließlich der Ausbildung von Moderatoren);

5. Förderung von Initiativen auf schulischer Ebene (Bestandsaufnahme vorhandener Initiativen, Entwicklung und Erprobung von Modellen);

6. Entwicklung von Initiativen zum Abbau undifferenzierter Freistellungen im Schulsport.

Ich würde mich freuen, wenn möglichst viele Teilnehmer dieses Expertengesprächs ihre Bereitschaft bekunden würden, in irgendeiner Weise an der Umsetzung dieser und anderer Maßnahmen zur Förderung der Gesundheitserziehung in der Schule durch Sport im Land Nordrhein-Westfalen mitzuwirken. Ich darf zumindest hoffen, daß wir diese Veranstaltung in dem gestärkten Bewußtsein verlassen, daß ein guter Schulsport eine wirksame Investition in die gesundheitliche Zukunft unserer Gesellschaft ist.

8. ANHANG

Anlage 1: Handlungsprogramm zur Förderung der Gesundheitserziehung in der Schule durch Sport im Land Nordrhein-Westfalen

---

DER KULTUSMINISTER DES LANDES NORDRHEIN-WESTFALEN

IV B 3–8223.3 Nr. 1700/87   Düsseldorf, 1. August 1987

1. Ausgangslage und Zielsetzung

Die Aufgabe der schulischen Gesundheitserziehung und der spezifische Beitrag des Schulsports zur Gesundheitserziehung in der Schule sind durch Beschluß der Kultusministerkonferenz (KMK) vom 1.6.1979 (Anlage A) grundlegend abgesichert.

Eine Bestandsaufnahme zur Situation der schulischen Gesundheitserziehung einschließlich der Gesundheitserziehung durch Schulsport im Land Nordrhein-Westfalen wurde zuletzt im „Bericht des Kultusministers Nordrhein-Westfalen zum gegenwärtigen Stand der schulischen Arbeit im Bereich Gesundheitserziehung und Suchtvorbeugung" vom 21.12.1984 (II B 3.32–50/0 Nr. 1773/84) vorgenommen.

Die Gesundheitserziehung durch Schulsport im Land Nordrhein-Westfalen erfährt ihre Absicherung durch die „Richtlinien und Lehrpläne für den Sport in den Schulen im Lande Nordrhein-Westfalen" (RuL Sport), die „Präventives Training und gesunde Lebensführung" als erste der 9 „Aufgaben des Schulsports" beschreiben und an zahlreichen weiteren Stellen auf eine gesundheitsbezogene Orientierung des Schulsports hinweisen.

Mit der Empfehlung der KMK über „Grundsätze für die Durchführung eines Förderunterrichts im Schulsport (Schulsonderturnen) sowie für die Ausbildung und Prüfung zum Erwerb der Befähigung für das Erteilen von Förderunterricht" vom 26.2.1982 und den Hinweisen der RuL Sport zum Schulsonderturnen liegen Konzepte für eine spezielle Förderungsmaßnahme im Schulsport zum Ausgleich physischer Schwächen und zur Minderung von Leistungsdefiziten bei Schülerinnen und Schülern vor.

Im Zuge der Umsetzung der RuL Sport ist der gesundheitserzieherische Auftrag des Schulsports bislang insbesondere in folgenden Bereichen durch Initiativen des Kultusministers verstärkt worden:

– Entwicklung von Handreichungen zum Schulsport

   Der Programmpunkt „Schulsport und Gesundheit" wurde in das Arbeitsprogramm 1986 bis 1990 des Landesinstituts für Schule und Weiterbildung (LSW) aufgenommen. Aspekte der Gesundheitserziehung werden gegenwärtig insbesondere bei der in Arbeit befindlichen Handreichung zu den 9 „Aufgaben des Schulsports" berücksichtigt.

– Lehrerfortbildung Sport

   Für die zentrale, regionale und lokale Lehrerfortbildung Sport stellt der Kultusminister jährlich Haushaltsmittel zur Verfügung. Hiermit wurden in der Vergangenheit vereinzelt auch Veranstaltungen zu gesundheitlichen Aspekten des Schulsports finanziert.

- Sportlehrerausbildung

  In die „Besonderen Vorschriften für das Unterrichtsfach Sport", die ab Sommersemester 1986 Rechtskraft erhalten haben, sind die für eine Verstärkung des Gesundheitsaspekts im Schulsport notwendigen Ausbildungsinhalte (biologische Grundlagen von Bewegung und Leistung; Bewegung, Sport und Gesundheit – Prävention, Therapie, Rehabilitation) aufgenommen worden.

- Förderung des Schulsonderturnens

  Auf der Grundlage der am 23.1.1970 erlassenen „Prüfungsordnung für den Unterricht im Schulsonderturnen an den Schulen im Lande Nordrhein-Westfalen" wurden bislang mehr als 1.000 Lehrkräfte für die Erteilung von Förderunterricht im Schulsport (Schulsonderturnen) ausgebildet.

Eine Sichtung der einschlägigen Literatur ergibt folgende Bilanz der Analysen und Forderungen zur Gesundheitserziehung in der Schule durch Sport:

- Angesichts der vielschichtigen Problematik einer auf die Schüler in ihrer unmittelbaren Gegenwart gerichteten Gesundheitsförderung rückt die Forderung nach einer langfristig wirksamen Gesundheitserziehung in den Vordergrund. Ziel der schulischen Gesundheitserziehung ist es, die Heranwachsenden für eine selbst verantwortete gesunde Lebensführung zu sensibilisieren und zu motivieren und sie mit den für diese Lebensführung notwendigen Kompetenzen auszustatten.

  Sie zielt darauf ab, die Schülerinnen und Schüler zu befähigen, bewußt Verantwortung für ihre Gesundheit und für die Gesundheit anderer zu übernehmen und aus dieser Verantwortung heraus gesundheitsorientiert zu handeln. Das setzt Vermittlung von Wissen, Einsichten und Handlungskompetenz voraus. Der Schulsport wird in den Kanon derjenigen Fächer eingereiht, die sich für die Vermittlung gesundheitsbezogenen Wissens („Gesundheitslehre") und insbesondere für die praktische Gesundheitserziehung („Gesundheitspflege"/„Gesundheitsvorsorge") in besonderer Weise anbieten.

- Ungewißheit und Unsicherheit in den Grundfragen und Details von Gesundheit und gesunder Lebensführung finden ihren Niederschlag sowohl in zahlreichen fächerübergreifenden Beiträgen zur schulischen Gesundheitserziehung als auch in Beiträgen zu den Fragen der Gesundheitserziehung in der Schule durch Sport. Es fehlt nicht an Leitideen, wohl aber an festen Maßstäben für gesundheitsbezogenes praktisch-pädagogisches Handeln. Speziell im Schulsport überwiegt die Forderung nach dem Ausgleich von Bewegungsdefiziten durch gesundheitsorientiertes Körpertraining. Dem wird begegnet mit Hinweisen auf die Gefahren eines zu engen Gesundheitsverständnisses und die Probleme, die sich aus der Realisation eines gesundheitsbezogenen Körpertrainings im Schulsport ergeben.

- Die Voraussetzungen für einen verstärkten Beitrag des Schulsports zur schulischen Gesundheitserziehung werden insbesondere angesichts häufig fehlender Bereitschaft bei den Schülerinnen und Schülern, undifferenzierter Freistellungen im Schulsport, einschränkender schulorganisatorischer Rahmenbedingungen (z.B. Unterrichtsausfall, mangelnde Qualifikation der Lehrkräfte) sowie mangelnder interdisziplinärer Koordination kritisch gesehen. Die Kritik bezieht sich auch bzw. in besonderer Weise auf das Schulsonderturnen, das in der Praxis vielfach noch zu einseitig auf den Ausgleich „physischer Schwächen" gerichtet ist und in der zahlenmäßigen Entwicklung landesweit seit Jahren stagniert.

– Angesichts der insgesamt schwierigen Ausgangssituation für ein umfassendes gesundheitserzieherisches Konzept des Schulsports wird vorgeschlagen, gesundheitserzieherische Ziele im Schulsport in einem „Baukastensystem" zu verwirklichen. Als Themen gesundheitserzieherischer Bausteine im Schulsport werden u.a. genannt: Sensibilisierung für den eigenen Körper (Entwicklung von Körperbewußtsein), psycho-soziale Belastungen und Entlastungen, gesundheitsbezogene Kenntnisse, Einsichten und Fähigkeiten, gesundheitliche Selbstgefährdung in einer technisierten Umwelt, sporthygienische Maßnahmen und deren bewußte Aufarbeitung, Verletzungen vorbeugen.

Von sport- und gesundheitspolitischer Seite mehren sich die Forderungen nach einer stärkeren gesundheitserzieherischen Ausrichtung des Schulsports. Besonderen Nachdruck haben diese Stimmen durch die „Analysen und Forderungen zur Gesundheitserziehung im Schulsport" der DSB/DSÄB-Kommission „Gesundheit" vom 29.11.1985 erhalten. In dieser aktuellen Bilanz zur Gesundheitserziehung im Schulsport werden Defizite und Forderungen in folgenden Bereichen formuliert:

– Gesundheitserziehung in den Lehrplänen

„Bei zukünftigen Lehrplanrevisionen zum Fach Sport ist darauf zu achten, daß Gesichtspunkte der Gesundheitserziehung durchgängig Beachtung finden. In jeder Lehrplankommission sollte mindestens ein Mitglied mit entsprechender medizinischer Kompetenz sein."

– Handreichungen zur Gesundheitserziehung für Sportlehrer

„Sportmediziner und Sportpädagogen müssen gemeinsam praktische Empfehlungen zur Gesundheitserziehung im Schulsport erarbeiten, die die vorliegenden Handreichungen zur Unterrichtsvorbereitung ergänzen."

– Gesundheitserziehung in der Sportlehrerausbildung

„Die Ausbildung für Sportlehrer aller Schulstufen und Lehrämter muß verpflichtende Lehrveranstaltungen zur Sportmedizin im Umfang von mindestens vier Semesterwochenstunden enthalten, in denen auch die Gesundheitserziehung einen angemessenen Platz erhält. Gesundheitserziehung samt ihren medizinischen Grundlagen muß verpflichtendes Prüfungsgebiet im Staatsexamen sein."

– Gesundheitserziehung als Thema der Lehrerfortbildung

„In den Maßnahmen der Lehrerfortbildung für das Fach Sport muß das Thema Gesundheitserziehung regelmäßig – wenn möglich, auch im Verbund mit der Biologie – berücksichtigt werden."

– Förderunterricht für gesundheitlich gefährdete Schüler (Schulsonderturnen)

„Das Schulsonderturnen als zusätzlicher Pflichtunterricht für gesundheitlich gefährdete Schüler ist systematisch auszubauen."

– Befreiung vom Sportunterricht

„Befreiung vom Sportunterricht kann aus gesundheitlichen Gründen vorübergehend angezeigt sein, bedeutet aber immer zugleich den Entzug gesundheitlich wertvoller Bewegungsreize. Ärzte und Sportlehrer müssen lernen, in Verantwortung für die Gesundheit jedes einzelnen Schülers abzuwägen."

Eine gemeinsame Positionsbeschreibung von KMK und DSB zur „Gesundheitserziehung in der Schule durch Sport" wird anläßlich der für den 8. Oktober 1987 geplanten gemeinsamen Veranstaltung zum Thema „Sport und Gesundheit" vorgenommen.

Das Land Nordrhein-Westfalen kann bislang lediglich auf die Rahmenvorgaben der RuL Sport sowie auf vereinzelte Maßnahmen zur Förderung der Gesundheitserziehung in der Schule durch Sport hinweisen. Es mehren sich auch hier die gesundheits- und sportpolitischen Forderungen nach einem verstärkten Beitrag des Schulsports zur schulischen Gesundheitserziehung. Auf diesem Hintergrund soll im Rahmen einer landesweiten Initiative eine systematische Aufarbeitung des Aufgabenfeldes und eine Bündelung von Maßnahmen zur Förderung der Gesundheitserziehung in der Schule durch Sport erfolgen. Diese Initiative soll sich an folgenden Zielsetzungen orientieren:

– **Verbesserung des Informationsstands über Aufgaben, Möglichkeiten und Grenzen des Schulsports im Rahmen der schulischen Gesundheitserziehung;**

– **Verbesserung der inhaltlichen, personellen, sächlichen und organisatorischen Voraussetzungen für die Verwirklichung der Gesundheitserziehung im Schulsport.**

Mit dem „Handlungsprogramm zur Förderung der Gesundheitserziehung in der Schule durch Sport im Land Nordrhein-Westfalen" will das Land Nordrhein-Westfalen die „Gesundheitserziehung in der Schule durch Sport" landesweit systematisch entwickeln.

2. Grundsätze, Handlungsfelder und Maßnahmenbereiche

Aus der beschriebenen Ausgangslage und Zielsetzung lassen sich für das „Handlungsprogramm zur Förderung der Gesundheitserziehung in der Schule durch Sport im Land Nordrhein-Westfalen" folgende Grundsätze ableiten:

– Es gehört zu den vordringlichen Bildungsaufgaben des Schulsports, „die Gesundheit aller, besonders aber der kreislauf- und haltungsschwachen Schüler durch regelmäßiges Training (zu) fördern; er soll sportbezogene Kenntnisse, Einsichten und Gewohnheiten ausbilden helfen, die eine gesunde Lebensführung stützen können" (RuL Sport, Band I, Seite 9 ff.).

Diese Aufgabe des Schulsports ist als Unterrichtsprinzip und (zeitweiliger) thematischer Schwerpunkt in allen Schulformen und auf allen Schulstufen im strukturellen Rahmen des Faches Sport, d.h. im Sportunterricht (einschl. Sportförderunterricht/„Schulsonderturnen") sowie im außerunterrichtlichen Schulsport zu verwirklichen (siehe schematische Übersicht auf Seite 85).

– Aufgrund seiner besonderen Aufgabenstellung und der ihm eigenen Möglichkeiten übernimmt der Schulsport wesentliche Aufgaben aus dem überfachlichen Auftrag „Gesundheitserziehung in der Schule", allen Schülerinnen und Schülern Verhaltens- und Handlungskompetenzen in den physischen, psychischen und sozialen Dimensionen der Gesundheit zu vermitteln.

Im Rahmen dieses überfachlichen Auftrags der Schule kann der Schulsport eine Pilotfunktion übernehmen; dies umso mehr, je besser die Voraussetzungen für die Verwirklichung des fachlichen Auftrages zur Gesundheitsförderung sind und je intensiver die Kooperation zwischen dem Schulsport und anderen Unterrichtsfächern/Lernbereichen der Schule erfolgt.

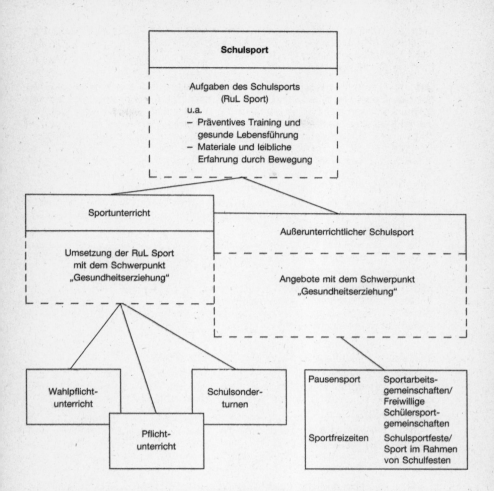

Mit der Pilotfunktion des Schulsports übernähme die Fachkonferenz Sport eine wesentliche Mitverantwortung für die Gesundheitserziehung und die gesundheitlichen Rahmenbedingungen in der Schule.

– Da der Schulsport mit einem gesundheitserzieherischen Konzept alle Kinder und Jugendlichen erreicht, hat er zugleich eine Schlüsselfunktion in Programmen zur Prävention im Kindes- und Jugendalter (z.B. „gemeindebezogene Prävention, Gesundheitsprogramme mit den Mitteln des Sports").

In einer Schule, die sich mehr und mehr zur Gesellschaft öffnet („offene Schule"), kann der Sport gerade auch durch seinen engen Bezug zur außerschulischen Sportentwicklung die dort wirkenden positiven Impulse aufgreifen und verstärken. Die Zusammenarbeit zwischen Schule und Verein kann mit der leitenden Zielvorstellung „Gesundheit" neue Impulse erhalten.

Zentrale Ansatzpunkte zur Verbesserung der Situation der Gesundheitserziehung in der Schule durch Sport sind die Richtlinien und Lehrpläne sowie die

Lehrerausbildung. Beide Bereiche sind in der gegenwärtigen bildungspolitischen Situation jedoch keine geeigneten Instrumente, um die Gesundheitserziehung in der Schule durch Sport neu zu definieren und zu strukturieren bzw. personell abzusichern. Die Gesundheitserziehung in der Schule durch Sport muß sich somit an der Schule durchsetzen und verbessern, ohne daß die Lehrpläne und die Ausbildung der Lehrkräfte grundlegend verändert werden können. Erfolgversprechend sind Innovationsaktivitäten, die unterhalb der offiziellen Ebene von Lehrerausbildung und Lehrplänen ansetzen.

In diesem Zusammenhang sind vor allem folgende Handlungsfelder zu sehen:

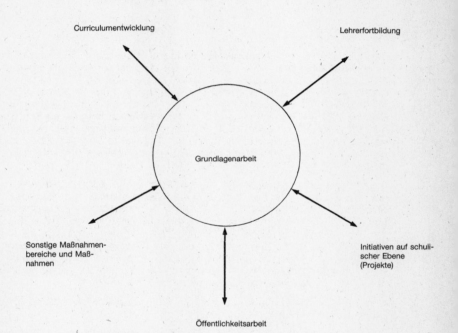

2.1 Grundlagenarbeit

Die öffentliche Diskussion des Themas „Gesundheitserziehung in der Schule durch Sport" ist ebenso wie zahlreiche fachwissenschaftliche Beiträge gekennzeichnet durch Ungewißheit und Unsicherheit in den Grundfragen und Details von Gesundheitserziehung allgemein sowie hinsichtlich der Aufgaben, Möglichkeiten und Grenzen des Sports innerhalb der schulischen Gesundheitserziehung. Maßnahmen zur Förderung der Gesundheitserziehung in der Schule durch Sport müssen daher vor allem auch Grundlagenarbeit einschließen. Insbesondere folgende **Maßnahmenbereiche** bieten sich an:

– Erarbeitung eines wissenschaftlich abgesicherten und interdisziplinär abgestimmten Handlungsrahmens;

– Entwicklung von Strategien für die Umsetzung landesweiter, regionaler, lokaler (schulischer) Handlungskonzepte;

- Kooperation mit Organisationen, Institutionen und Personen, die sich auf Landes- oder Bundesebene mit der Gesundheitserziehung in der Schule durch Sport befassen (z.B. im Bildungsbereich, im Gesundheitswesen, im Sport).

Im einzelnen sollen hierzu u.a. folgende **Maßnahmen** durchgeführt werden:

- Veranstaltung eines Expertengesprächs in Form einer Arbeitstagung zu den Begründungen und Zielvorstellungen sowie den Realisierungsmöglichkeiten;
- Berufung eines Koordinierungsausschusses (Erarbeitung von Leitlinien, begleitende Absicherung, Koordination der Umsetzungsmaßnahmen zum Handlungsprogramm);
- Entwicklung und Erprobung von Kooperationsmodellen.

2.2 Curriculumentwicklung

Die RuL Sport und die vorliegenden Handreichungen zum Schulsport in Nordrhein-Westfalen allein reichen nicht aus, um zu einer wirksamen Verbesserung der Gesundheitserziehung in der Schule durch Sport beizutragen. Auch die derzeit in der fachwissenschaftlichen Literatur angebotenen Anregungen und Hilfen stellen für die Sportlehrkräfte keine hinreichende Unterstützung bei der Planung und Realisierung eines stärker gesundheitlich orientierten Schulsports dar. Es ist daher erforderlich, neue Unterrichtsmaterialien zu entwickeln, die sich an den Aufgaben des Schulsports ebenso wie an den Richtzielen der Gesundheitserziehung orientieren und zwischen diesen eine didaktische Homogenität sicherstellen.

Im Vollzug einer grundlegenden Aufarbeitung der RuL Sport unter dem Aspekt der Gesundheitserziehung könnte eine Konkretisierung der Aufgaben und Möglichkeiten des Schulsports im Rahmen der schulischen Gesundheitserziehung auf der Ebene didaktischer Materialien geleistet werden. Solche Materialien sollten neben Sachinformationen zu den für den Schulsport relevanten Teilproblemen der Gesundheitserziehung und Hinweisen zur Verwirklichung der Gesundheitserziehung als Unterrichtsprinzip vor allem auch methodische Einfälle zur unterrichtlichen Behandlung einzelner Themen der Gesundheitserziehung nach dem „Baukastenprinzip" enthalten.

Somit eröffnen sich im Hinblick auf die Curriculumentwicklung u.a. folgende **Maßnahmenbereiche:**

- Grundlegende Überprüfung der RuL Sport einschließlich der Feststellung von Defiziten und deren Aufarbeitung im Rahmen zukünftiger Lehrplanrevisionen;
- Erarbeitung von praktischen Empfehlungen („Handreichungen").

Im einzelnen sollen insbesondere folgende **Maßnahmen** durchgeführt werden:

- Analyse der RuL Sport;
- Erarbeitung von Curriculumelementen („Bausteinen").

2.3 Lehrerfortbildung

Die Etablierung der Gesundheitserziehung im Schulsport stellt eine bedeutsame Innovation dar. Sie kann nicht ohne entsprechende Fortbildungsmaßnahmen für die sie tragenden Sportlehrkräfte gelingen, zumal die Qualifikation der Sportlehrerinnen und Sportlehrer für diesen Unterrichtsbereich in der Regel nicht ausreicht.

Das System der Lehrerfortbildung Sport in Nordrhein-Westfalen bildet auch für diesen thematischen Schwerpunkt eine tragfähige Grundlage. Die notwendige Akzentuierung kann vor allem in folgenden **Maßnahmenbereichen** vorgenommen werden:

— Entwicklung und Umsetzung von Strategien für die landesweite Umsetzung des thematischen Schwerpunkts im Rahmen der Lehrerfortbildung Sport;

— Entwicklung und Erprobung von Fortbildungskonzepten;

— Ausbildung von „Moderatoren".

Im einzelnen sind u.a. folgende **Maßnahmen** notwendig:

— Einbringung der Gesundheitserziehung als Themenschwerpunkt in die zentrale, regionale und lokale Lehrerfortbildung Sport;

— Entwicklung und Erprobung praxisorientierter Fortbildungsprogramme und -strategien für die zentrale, regionale und lokale Ebene.

2.4 Initiativen auf schulischer Ebene

Ausgangs- und Bezugspunkt aller Bemühungen um die Förderung der Gesundheitserziehung in der Schule durch Sport ist die einzelne Schule mit den an der pädagogischen Arbeit Beteiligten, das heißt insbesondere den Schülerinnen und Schülern, Lehrkräften und Eltern. An einzelnen Schulen liegen bereits praktische Erfahrungen mit der Auswahl der Inhalte und Methoden, der Organisation und den erforderlichen personellen und sächlichen Voraussetzungen für die Gesundheitserziehung in der Schule durch Sport vor, die zunächst gesichert, ausgewertet und auf ihre Übertragbarkeit hin bzw. im Hinblick auf die Möglichkeiten einer Weiterentwicklung geprüft werden sollten.

Daneben sollten auf Initiative des Kultusministers und in Zusammenarbeit mit den an der Förderung der Gesundheitserziehung in der Schule durch Sport auf den verschiedenen Ebenen beteiligten Partnern auch gezielt unterschiedliche Konzepte auf schulischer Ebene entwickelt und erprobt werden.

Folgende konzeptionelle Ansätze werden hierbei unterschieden:

— auf den Schulsport (Sportunterricht und außerunterrichtlichen Schulsport) begrenzte Vorhaben,

— vom Schulsport ausgehende, jedoch fächerübergreifend angelegte Initiativen,

— vom Schulsport ausgehende schulumfeldbezogene/gemeinwesenorientierte Aktivitäten (z.B. im Zusammenwirken mit Eltern, Sportorganisationen, Öffentlichem Gesundheitsdienst, Ärzten, Krankenkassen u.a.).

Unter Einbeziehung dieser Überlegungen sind im Handlungsfeld schulischer Initiativen vor allem folgende **Maßnahmenbereiche** zu nennen:

— Sicherung und Auswertung vorhandener schulischer Initiativen;

— Initiierung schulischer Maßnahmen („Projekte");

— Bereitstellung von Praxismodellen.

Im einzelnen sind u.a. folgende **Maßnahmen** vorgesehen:

- Durchführung einer Bestandsaufnahme schulischer Initiativen;
- Entwicklung, Erprobung und Dokumentation modellhafter schulischer Aktivitäten;
- Einbeziehung schulischer Initiativen in Kooperationsmodelle zur Prävention (z.B. Programme der Gemeinden, Sportorganisationen oder sonstiger Träger);
- Entwicklung, Erprobung und landesweite Umsetzung eines Förderprogramms der Ortskrankenkassen in Nordrhein-Westfalen.

2.5 Öffentlichkeitsarbeit

Die Wirksamkeit des Handlungsprogramms zur Förderung der Gesundheitserziehung in der Schule durch Sport ist abhängig davon, ob es gelingt, in der Schule und im Schulumfeld, letztlich in unserer Gesellschaft, ein Bewußtsein für die Aufgaben und Möglichkeiten, aber auch die Grenzen des fachlichen Beitrags zur Gesundheitserziehung der Kinder und Jugendlichen zu entwickeln.

Vom Schulsport können vor allem in Richtung auf andere Fächer bzw. Lernbereiche, das Elternhaus, die Ärzteschaft und die Sportorganisationen entsprechende Impulse ausgehen. Der Schulsport wäre jedoch überfordert, wenn er die für eine umfassende Verwirklichung gesundheitserzieherischer Zielsetzungen notwendige Bewußtseinsänderung im schul-, sport- und gesundheitspolitischen Raum alleine leisten sollte.

Im Verbund mit allen an der Gesundheitserziehung in der Schule durch Sport beteiligten Partnern muß daher auf den verschiedenen Ebenen der Umsetzung des Handlungsprogramms eine gezielte Öffentlichkeitsarbeit betrieben werden. Insbesondere folgende **Maßnahmenbereiche** sind zu unterscheiden:

- Durchführung von Informationsveranstaltungen;
- Entwicklung, Erprobung und Bereitstellung von Informationsmaterialien (z.B. für Schüler/Eltern).

Im einzelnen sind u.a. folgende **Maßnahmen** geplant:

- Veröffentlichung des „Handlungsprogramms zur Förderung der Gesundheitserziehung in der Schule durch Sport im Land Nordrhein-Westfalen" sowie einer grundlegenden Bestandsaufnahme und Analyse zum Thema;
- Dokumentation und Bereitstellung vorhandener Informationsmaterialien (z.B. Aufbau einer Mediothek);
- Entwicklung und Umsetzung von Konzepten für die projektübergreifende und projektbezogene Öffentlichkeitsarbeit (auch: Einsatz von Medien).

2.6 Sonstige Maßnahmenbereiche und Maßnahmen

Im Zusammenhang mit einer verstärkten gesundheitserzieherischen Ausrichtung des Schulsports sind vielfältige weitere Maßnahmenbereiche und Maßnahmen möglich und sinnvoll, die sich keinem der vorgenannten Handlungsfelder unmittelbar zuordnen lassen. In bezug auf schulaufsichtliches Handeln sind zum Beispiel von besonderer Bedeutung:

– Initiativen zum Abbau undifferenzierter Freistellungen im Schulsport;

– Initiativen zur optimalen Nutzung bzw. Verbesserung der Bewegungsräume und Geräteausstattung;

– Initiativen zur Einbeziehung der behinderten Schülerinnen und Schüler an allgemeinbildenden Schulen in den Schulsport;

– Initiativen zur Sicherheitserziehung und Unfallverhütung im Schulsport.

3. Durchführung

Das „Handlungsprogramm zur Förderung der Gesundheitserziehung in der Schule durch Sport im Land Nordrhein-Westfalen" ist eine Initiative des Kultusministers NRW in Zusammenarbeit mit dem Minister für Arbeit, Gesundheit und Soziales NRW und den Ortskrankenkassen in NRW. Die Umsetzung des Handlungsprogramms erfolgt auf der Landesebene wie auf der regionalen und lokalen (schulischen) Ebene im Zusammenwirken mit einer Vielzahl weiterer Institutionen, Organisationen und Personen.

Die Umsetzung des Handlungsprogramms soll in zwei Phasen erfolgen:

1. Phase (ab 1986)

– Zielsetzung:

Analyse der Ausgangslage; Entwicklung, Erprobung und Sicherung von Handlungskonzepten und Maßnahmen.

– Schwerpunkte der Umsetzung:

* Bestandsaufnahme in allen Handlungsfeldern;

* Planung, Durchführung und Auswertung eines Expertengesprächs (Auftaktveranstaltung);

* Kooperation mit Partnern, Einsetzung einer Koordinierungsinstanz;

* Entwicklung von Strategien und Leitlinien für die Umsetzung des Handlungsprogramms auf Landesebene sowie auf regionaler und lokaler (schulischer) Ebene;

* Dokumentation bzw. Erarbeitung von Curriculumelementen und Materialien;

* thematische Schwerpunktsetzung im Bereich der Lehrerfortbildung Sport, Entwicklung von Fortbildungsstrategien;

* Entwicklung und Erprobung gezielter Initiativen auf schulischer Ebene (Praxismodelle),
Entwicklung eines Förderprogramms der Ortskrankenkassen;

* Entwicklung und Erprobung von Konzepten für die Öffentlichkeitsarbeit.

2. Phase (ab 1988)

– Zielsetzung:

Landesweite Umsetzung gesicherter Handlungskonzepte und Maßnahmen.

– Schwerpunkte der Umsetzung:

* Informations- und Öffentlichkeitsarbeit;

* Ausbildung von Moderatoren, Durchführung von Lehrerfortbildungsmaß-
nahmen (auch zur Implementation von Unterrichtsmaterialien);

* Förderung schulischer Modelle.

Anlage A

Gesundheitserziehung in der Schule
(Beschluß der Kultusministerkonferenz vom 1. 6. 1979)

Die Kultusministerkonferenz widmet der Gesundheitserziehung in allen dafür geeigneten Unterrichtsfächern aller allgemeinbildenden und berufsbildenden Schulen
weiterhin die gebotene Aufmerksamkeit mit dem Ziel, bei den Schülern so früh wie
möglich auf der Grundlage ausreichenden Wissens unter Berücksichtigung der
psychischen und sozialen Aspekte gesundheitsgerechtes Verhalten anzubahnen,
das von einem Verantwortungsbewußtsein sich selbst und der Gesellschaft gegenüber getragen ist. Hierzu wird eine enge Zusammenarbeit der Schule mit den
Eltern, Ärzten und Psychologen für wünschenswert gehalten. In diesem Zusammenhang gewinnt der Schulsport besonders im Hinblick auf die Möglichkeiten eines aktiven Beitrages zur Gesundheitserziehung besondere Bedeutung.

Hiermit ist der Beschluß der Kultusministerkonferenz vom 21. 1. 1953 i. d. F. vom
28. 9. 1961 – Beschluß-Nr. 660 – aufgehoben.

GESUNDHEITSERZIEHUNG IN DER SCHULE DURCH SPORT

Expertengespräch in Form einer Arbeitstagung
11./12. Dezember 1986 – Grevenbroich

Programmablauf

Donnerstag, 11.12.1986

10.00 Uhr **Begrüßung**
Verwaltungsdirektor Wilfried Jacobs, Düsseldorf

10.10 Uhr **Einführung in die Zielsetzung der Tagung**
Ministerialdirigent Johannes Eulering, Düsseldorf

Kurzreferate

**Gesundheitserziehung in der Schule durch Sport:
Begründungen und Zielvorstellungen**

* Pädagogische Aspekte

10.30 Uhr Prof. Dr. Dietrich Kurz, Bielefeld
10.50 Uhr Prof. Dr. Edgar Beckers, Köln
11.10 Uhr Prof. Dieter Brodtmann, Hannover

11.30 Uhr Nachfragen

* Psychische Aspekte

11.50 Uhr Prof. Dr. Paul van der Schoot, Köln

12.20 Uhr Nachfragen

12.35 Uhr Gemeinsames Mittagessen

* Medizinische Aspekte

14.00 Uhr Prof. Dr. Horst de Marées, Bochum

14.30 Uhr Nachfragen

* Soziale Aspekte

14.45 Uhr Prof. Dr. Volker Rittner, Köln

15.15 Uhr Nachfragen

15.30 Uhr Einteilung der Arbeitsgruppen

15.50 Uhr Kaffeetrinken in den Arbeitsgruppen

Tagung in Arbeitsgruppen

**Gesundheitserziehung in der Schule durch Sport:
Realisierungsmöglichkeiten**

16.20 Uhr * **Arbeitsgruppe I: Primarstufe**
           Leitung: Reg. Schuldirektorin Margot Crummenerl, Arnsberg

           * **Arbeitsgruppe II: Sekundarstufe I**
           Leitung: Reg. Schuldirektor Bruno Schiefer, Köln

           * **Arbeitsgruppe III: Sekundarstufe II – Gymnasiale Oberstufe**
           Leitung: Studiendirektor Walter Meusel, Düsseldorf

           * **Arbeitsgruppe IV: Sekundarstufe II – Berufliche Schulen**
           Leitung: Ltd. Reg. Schuldirektorin Helga Nies, Köln

18.00 Uhr Gemeinsames Abendessen

19.00 Uhr Fortsetzung der Arbeit in den Arbeitsgruppen

Freitag, 12.12.1986

           <u>Zusammenfassung im Plenum</u>

           Berichte der Arbeitsgruppen

 8.45 Uhr Arbeitsgruppe I
 9.00 Uhr Arbeitsgruppe II
 9.15 Uhr Arbeitsgruppe III
 9.30 Uhr Arbeitsgruppe IV

 9.45 Uhr Nachfragen

10.15 Uhr Kaffeepause

10.30 Uhr **Referat**

           Gesundheitserziehung in der Schule durch Sport:
           Leitlinien für Maßnahmen in den Handlungsfeldern

           * **Grundlagenarbeit**
           * **Curriculumentwicklung**
           * **Lehrerfortbildung**
           * **Schulische Modelle**
           Prof. Doris Küpper, Wuppertal

11.00 Uhr **Aussprache**
           Moderation: Dr. Lutz Kottmann, Wuppertal
                        Ministerialrat Rolf-Peter Pack, Düsseldorf

12.00 Uhr **Die Bedeutung des Schulsports für das Gesundheitssicherungs-**
           konzept der Rheinischen Ortskrankenkassen
           Verwaltungsdirektor Wilfried Jacobs

12.15 Uhr **Schlußwort**
           Ministerialdirigent Johannes Eulering

12.30 Uhr Gemeinsames Mittagessen

13.15 Uhr Ende der Tagung

– Wie sollte Gesundheit definiert werden?

– Welche wesentlichen Aspekte von Gesundheit haben Gültigkeit für den Schulsport?

– Welche Bedeutung haben Gesundheitsbewußtsein und gesundheitsbezogene Lebensgewohnheiten in unterschiedlichen Altersstufen (Kindes- und Jugendalter)?

– Welche spezifischen Erkenntnisse bestehen über den Zusammenhang von Bewegung und Gesundheit?

– Gibt es spezifische Erkenntnisse über typische altersstufenbezogene gesundheitliche Gefährdungen, denen durch Sport und Bewegung vorgebeugt werden kann?

– Welche Auswirkungen von Sport und Bewegung auf die Gesundheit erscheinen als besonders bedeutsam (somatisch, psychisch, sozial)?

– Welche Bezüge bestehen zwischen körperlicher Fitneß und psycho-sozialem Wohlbefinden?

– Lassen sich Möglichkeiten der Motivationsbeeinflussung zum gesundheitsbezogenen Sporttreiben benennen? Welche Möglichkeiten werden für den Bereich des Schulsports gesehen?

– Wie sind Notwendigkeiten und Chancen zur Verstärkung des gesundheitserzieherischen Auftrags im Schulsport zu werten?

– Welche Erkenntnisdefizite liegen in der Gesundheitserziehung in der Schule durch Sport vor in bezug auf

  * die Grundlagenarbeit,
  * die Curriculumentwicklung,
  * Maßnahmen zur Lehrerfortbildung,
  * die Entwicklung schulischer Initiativen,
  * sonstiges?

– Welche gesundheitserzieherischen Aufgaben können und sollen im Schulsport akzentuierter und gezielter als bisher realisiert werden?

– Wie lassen sich solche Aufgaben für die jeweils angesprochene Schulstufe definieren?

– Welche Konsequenzen ergeben sich für die Gestaltung des Schulsports (Sportunterricht und außerunterrichtlicher Schulsport)

  * in inhaltlicher und methodischer,
  * in organisatorischer,
  * in personeller,
  * in materieller Hinsicht?

– Ermöglichen die administrativen Rahmenvorgaben eine verstärkte Berücksichtigung gesundheitserzieherischer Aufgaben im Schulsport?

– Inwiefern erlauben es die Vorgaben der „Richtlinien und Lehrpläne für den Sport in den Schulen im Lande Nordrhein-Westfalen" (z.B. Sportartenorientierung, Verbindlichkeiten) Gesundheitserziehung als Gegenstand und vor allem auch als Prinzip von Sportunterricht und außerunterrichtlichem Schulsport zu realisieren?

– Welche außerschulischen Bezüge sind für die Verwirklichung gesundheitserzieherischer Aufgaben im Schulsport förderlich?

Referenten:

BECKERS, Edgar, Prof. Dr. phil.
Deutsche Sporthochschule Köln
Carl-Diem-Weg 6
5000 Köln 41

BRODTMANN, Dieter, Prof. M.A.
Universität Hannover
Bismarckstraße 2
3000 Hannover 1

EULERING, Johannes, Ministerialdirigent
Kultusministerium NRW
Völklinger Straße 49
4000 Düsseldorf

JACOBS, Wilfried, Verwaltungsdirektor
Verband der Ortskrankenkassen Rheinland
Kasernenstraße 61
4000 Düsseldorf

KOTTMANN, Lutz, Dr. päd.
Universität/Gesamthochschule Wuppertal
Gaußstraße 20
5600 Wuppertal 1

KÜPPER, Doris, Prof.
Universität/ Gesamthochschule Wuppertal
Gaußstraße 20
5600 Wuppertal 1

KURZ, Dietrich, Prof. Dr. phil.
Universität Bielefeld
Universitätsstraße
4800 Bielefeld 1

DE MARÉES, Horst, Prof. Dr. med.
Ruhruniversität Bochum
Overbergstraße 16
4630 Bochum

PACK, Rolf-Peter, Ministerialrat
Kultusministerium NRW
Völklinger Straße 49
4000 Düsseldorf

RITTNER, Volker, Prof. Dr. phil.
Deutsche Sporthochschule Köln
Carl-Diem-Weg 6
5000 Köln 41

Arbeitsgruppenleiter:

CRUMMENERL, Margot, Reg. Schuldirektorin
Regierungspräsident Arnsberg
Eichholzstraße 9
5760 Arnsberg 2

MEUSEL, Walter, Studiendirektor
Regierungspräsident Düsseldorf
Georg-Glock-Straße 4
4000 Düsseldorf

NIES, Helga, Ltd. Reg. Schuldirektorin
Regierungspräsident Köln
Zeughausstraße 4–8
5000 Köln 1

SCHIEFER, Bruno, Reg. Schuldirektor
Regierungspräsident Köln
Zeughausstraße 4–8
5000 Köln 1

ABEL, Bernhard, Prof. Dr. rer. nat.
Deutsche Sporthochschule Köln
Carl-Diem-Weg 6
5000 Köln 41

BODENHEIM, Wilhelm, Reg. Schuldirektor
Regierungspräsident Köln
Zeughausstraße 4–8
5000 Köln 1

BONDY, Ursula, Konrektorin
Gem. Grundschule Kuchenheim
Buschstraße 27–39
5350 Euskirchen

BOUVAIN, Volker, Reg. Schuldirektor
Landesinstitut f. Schule u. Weiterbildung
Paradieser Weg 64
4770 Soest

BREHM, Walter, Dr. phil.
Universität Bielefeld
Universitätsstraße
4800 Bielefeld 1

BRISKEN, Paul-Georg, Studienrat
Landesinstitut f. Schule u. Weiterbildung
Paradieser Weg 64
4770 Soest

BRUX, Arnim, Dr. phil.
Kultusministerium NRW
Völklinger Straße 49
4000 Düsseldorf

DREXLER, Ingrid, Pressereferentin
Verband d. niedergelassenen Ärzte
Deutschlands e.V.
Belfortstraße 9
5000 Köln 1

ENGELS, Rolf, Oberstudienrat
Berufsbildende Schulen mit Berufs-
aufbauschule d. Kreises Borken
Lönsweg 24
4422 Ahaus

BÜHNE, Hans-Joachim, Rektor
Berliner Schule
Städt. Gem. Grundschule
Berliner Straße 57
4300 Essen 1

COMANNS, Hanns-Heinz, Studiendirektor
Gewerbliche Schulen II d. Stadt Aachen
Neuköllner Straße 15
5100 Aachen

DEPPE, Ulrike, Lehrerin
Kultusministerium NRW
Völklinger Straße 49
4000 Düsseldorf

DIEKMANN, Wolfgang, Dr., Studienrat
Marianne-Weber-Gymnasium
Franz-Liszt-Straße
4920 Lemgo

DORDEL, Sigrid, Dr. rer. nat.
Deutsche Sporthochschule Köln
Carl-Diem-Weg 6
5000 Köln 41

DREISBACH, Wolfgang, Dr. Sportwiss.
Landesinstitut f. Schule u. Weiterbildung
Paradieser Weg 64
4770 Soest

DRESCHER, Siegfried, Realschullehrer
Martin-Niemöller-Gesamtschule
Apfelstraße 210
4800 Bielefeld 1

VON DER HAAR, Werner, Ministerialrat
Kultusministerium NRW
Völklinger Straße 49
4000 Düsseldorf

HARTMANN, Ilse, Wiss. Mitarbeiterin
Deutsche Sporthochschule Köln
Carl-Diem-Weg 6
5000 Köln 41

ENGLER, Hans-Jürgen, Dipl. Sportlehrer,
Dozent
Deutsche Sporthochschule Köln
Carl-Diem-Weg 6
5000 Köln 41

FOHRMANN, Bernd, Lehrer f.
Sonderpädagogik
Heideschule Enger-Spenge
Holunderweg 69
4904 Enger

GARSKE, Ulrich, Prof. Dr. phil.
Deutscher Sportlehrerverband
Landesverband Nordrhein-Westfalen e.V.
Paßmannstraße 1
5810 Witten

GÖHRING, Horst, Studiendirektor
Goethe-Schule
Goethestraße 3–5
4630 Bochum

GROSSE-WÄCHTER, Ella, Mitglied des
Präsidiums des LSB
Landessportbund Nordrhein-Westfalen e.V.
Friedrich-Alfred-Straße 25
4100 Duisburg 1

KÖNEMANN, Werner, Reg. Schuldirektor
Regierungspräsident Detmold
Leopoldstraße 15
4930 Detmold

KONRAD, Werner
Betriebskasse Bayer AG Leverkusen
Oberstraße 21
4100 Duisburg 1

KREIß, Friedhelm, Studiendirektor
Städt. Reinhard- u. Max-Mannesmann-
Gymnasium
Am Ziegelkamp 13–15
4100 Duisburg 25

KRUCHTEN, Steffi, Referentin
Landessportbund Nordrhein-Westfalen e.V.
Friedrich-Alfred-Straße 25
4100 Duisburg 1

HECKER, Gerhard, Prof. Dr. phil.
Deutsche Sporthochschule Köln
Carl-Diem-Weg 6
5000 Köln 41

JACHOWSKI, Hubert, Studiendirektor
Städt. Gymnasium
Stockhauser Straße 13
5632 Wermelskirchen 1

JANSSEN, Marianne, Studiendirektorin
Robert-Wetzlar-Schule
Kölnstraße 229
5300 Bonn 1

JESKE, Helmut, Sachgebietsleiter
Gesundheitsbildung
Institut f. Dokumentation u. Informa-
tion ü. Sozialmedizin u. öffentliches
Gesundheitswesen (idis)
Westerfeldstraße 35–37
4800 Bielefeld 1

KNOBLAUCH, Gerhardt, Ltd. Reg.
Schuldirektor
Regierungspräsident Detmold/Münster
Leopoldstraße 15
4930 Detmold

NABBEFELD, Rütger, Realschullehrer
Städt. Realschule f. Jungen u. Mädchen
Karl-Marx-Allee 43
5000 Köln 71

NAUL, Roland, Prof. Dr. phil. M.A.
Dt. Vereinigung f. Sportwissenschaft/
Landesgruppe NRW
Universität/Gesamthochschule Essen
Gladbecker Straße 180
4300 Essen 1

OEHME, Gerhard, Reg. Direktor
Ministerium für Kultur und Sport
Postfach 4 80
7000 Stuttgart 1

PAULUS, Wulf, Wiss. Angestellter
Universität/Gesamthochschule Siegen
Adolf-Reichwein-Straße
5900 Siegen

KRÜGER, Friedrich-Wilhelm, Dr., Oberstudienrat
Felix-Fechenbach-Schule
Saganer Straße 4
4930 Detmold 1

LANGEN, Hans-Jürgen, Ministerialrat
Kultusministerium Rheinland-Pfalz
Mittlere Bleiche 61
6500 Mainz

MEYFAHRT, Ulrike, Dipl.-Sportlehrerin
Gemeinnütziges Gesundheitsberatungszentrum
Betriebskrankenkasse Bayer AG
Hauptstraße 102
5090 Leverkusen 1

RASEL, Dirk, Lehrer
Städt. Gem. Hauptschule Sonnborn
Alte Dorfstraße 22–24
5600 Wuppertal

RITTNER, Volker, Prof. Dr. phil.
Deutscher Sportbund
Otto-Fleck-Schneise 12
6000 Frankfurt 71

ROSENTHAL, Reiner, Dipl. Volkswirt
AOK für den Kreis Mettmann
Minoritenstraße 11
4030 Ratingen 1

SABO, Peter, Gesundheitspädagoge
Bundesvereinigung für Gesundheitserziehung e.V.
Bernkasteler Straße 53
5300 Bonn

SCHMIDT, Friedrich-Karl, Lehrer
Gem. Hauptschule Meckinghoven
Mozartstraße 15
4354 Datteln

SCHMITT, Gerhard, Oberstudienrat
Gewerbliche Schulen I der Stadt Dortmund
Brügmannstraße 29
4600 Dortmund 1

PERLITIUS, Walter, Reg. Schuldirektor
Regierungspräsident Münster
Domplatz 1–3
4400 Münster

POHL, Hanns-Joachim, Realschullehrer
Berufliche Schulen für Technik
Mülgaustraße 361
4050 Mönchengladbach 2

POMMERENKE, Alfred, Reg. Direktor
Bundeszentrale f. gesundheitliche
Aufklärung
Ostmerheimer Straße 200
5000 Köln 91

STÜBER, Dieter, Rektor
Verband Bildung und Erziehung
Westfalendamm 247
4600 Dortmund 1

STURM, Anne, Vorsitzende des Aus-
schusses „Gesundheit u. Jugendschutz"
Landeselternschaft d. Gymnasien in NRW
Mühlenstraße 129
4050 Mönchengladbach 2

THOMANN, Claus, Studiendirektor
Städt. Heinrich-Heine-Gymnasium
Hasselbeckstraße 2–4
4020 Mettmann

THOMAS, Walter, Realschulkonrektor
Städt. Realschule I Arnsberg
Feauxweg 26–28
5760 Arnsberg 2

TIMMERS, Silvia, Lehrerin
St. Mauritius-Schule
Katholische Grundschule
Mauritiusstraße 5
4408 Dülmen

TRAENCKNER, Karl, Dr. med., Dr. jur.
Ministerialrat a.D.
Arbeitsgemeinschaft für kardiologische
Prävention u. Rehabilitation e.V.
Regerstraße 10
6200 Wiesbaden

SCHNEELOCH, Walter, Rektor
Regierungspräsident Köln
Zeughausstraße 4–8
5000 Köln 1

SPRENGER, Reinhard, Dr. phil.
Velberter Straße 111
4300 Essen 16

WINDHÖVEL, Maria, Konrektorin
Heinrich-Heine-Schule
Städt. Gem. Hauptschule
Duisburger Straße 112
4030 Ratingen 4

WITT, Ute, Lehrerin
Städt. Gem. Grundschule Süd
Landsberger Straße 9
4780 Lippstadt

UHLIG, Reinhart, Dr. med.
Landeselternschaft d. Gymnasien in NRW
Mühlenstraße 129
4050 Mönchengladbach 2

UESSELER, Lothar
AOK-Landesverband Rheinland
Kasernenstraße 61
4000 Düsseldorf

WOLLRING, Ursula, Dr., Studienrätin
Städt. Gymnasium f. Jungen u. Mädchen
Christoph-Stöver-Straße 4
4353 Oer-Erkenschwick

WUTZ, Ewald, Ministerialrat
Staatsministerium für Unterricht
und Kultus des Freistaates Bayern
Salvatorstraße 2
8000 München 2

Arbeitsgruppe I – Primarstufe

Leitung:
Regierungsschuldirektorin Margot Crummenerl

Ursula Bondy, Konrektorin
Prof. Dieter Brodtmann (zeitweise)
Hans-Joachim Bühne, Rektor
Ulrike Deppe, Lehrerin (zeitweise)
Dr. Sigrid Dordel (zeitweise)
Hans-Jürgen Engler, Dipl.-Sportlehrer
Bernd Fohrmann, Lehrer für Sonderpädagogik
Prof. Dr. Gerhard Hecker
Helmut Jeske, Sachgebietsleiter Gesundheitsbildung
Werner Könemann, Regierungsschuldirektor
Werner Konrad
Ulrike Meyfarth, Dipl.-Sportlehrerin
Peter Sabo, Gesundheitspädagoge
Walter Schneeloch, Rektor
Silvia Timmers, Lehrerin
Lothar Uesseler (zeitweise)
Maria Windhövel, Konrektorin
Ute Witt, Lehrerin

Arbeitsgruppe II – Sekundarstufe I

Leitung:
Regierungsschuldirektor Bruno Schiefer

Prof. Dr. Bernhard Abel
Wilhelm Bodenheim, Regierungsschuldirektor
Paul-Georg Brisken, Studienrat
Prof. Dieter Brodtmann (zeitweise)
Dr. Wolfgang Dreisbach, Referatsleiter
Siegfried Drescher, Realschullehrer
Prof. Dr. Ulrich Garske, DSLV NRW
Ella Große-Wächter, LSB-Präsidium
Dr. Lutz Kottmann
Steffi Kruchten, LSB
Prof. Dr. Dietrich Kurz
Hans-Jürgen Langen, Ministerialrat
Rütger Nabbefeld, Realschullehrer
Walter Perlitius, Regierungsschuldirektor
Dirk Rasel, Lehrer
Friedrich-Karl Schmidt, Lehrer
Dieter Stüber, Rektor
Anne Sturm, Landeselternschaft der Gymnasien in NRW
Walter Thomas, Realschulkonrektor
Dr. Dr. Karl Traenckner, Ministerialrat a.D.
Dr. Reinhart Uhlig, Landeselternschaft d. Gymn. in NRW
Ewald Wutz, Ministerialrat

Arbeitsgruppe III – Sekundarstufe II, Gymnasiale Oberstufe

Leitung:
Studiendirektor Walter Meusel

Prof. Dr. Edgar Beckers
Volker Bouvain, Regierungsschuldirektor
Dr. Walter Brehm
Dr. Arnim Brux
Dr. Wolfgang Diekmann, Studienrat
Horst Göhring, Studiendirektor
Hubert Jachowski, Studiendirektor
Gerhardt Knoblauch, Ltd. Regierungsschuldirektor
Friedhelm Kreiß, Studiendirektor
Prof. Doris Küpper
Prof. Dr. Horst de Marées (zeitweise)
Prof. Dr. Roland Naul, DVS NRW
Dr. Reinhard Sprenger
Claus Thomann, Studiendirektor
Dr. Ursula Wollring, Studienrätin

Arbeitsgruppe IV – Sekundarstufe II, Berufliche Schulen

Leitung:
Ltd. Regierungsschuldirektorin Helga Nies

Hanns-Heinz Comanns, Studiendirektor
Rolf Engels, Oberstudienrat
Ilse Hartmann, Wissenschaftliche Mitarbeiterin
Marianne Jannsen, Studiendirektorin
Dr. Friedrich-Wilhelm Krüger, Oberstudienrat
Prof. Dr. Horst de Marées (zeitweise)
Rolf-Peter Pack, Ministerialrat
Hanns-Joachim Pohl, Realschullehrer
Prof. Dr. Volker Rittner
Gerhard Schmitt, Oberstudienrat

Weitere Informationen
erteilt die Sportabteilung des Kultusministeriums

Völklinger Straße 49 – 4000 Düsseldorf – Telefon (02 11) 3 03 51

Abteilung IV
– Sport, Sportstätten, Schulbau –

Abteilungsleiter: Ministerialdirigent Eulering

Gruppe IV A

Referat IV A1   Leitender Ministerialrat Sillenberg
Grundsätzliche Angelegenheiten der Gruppe, Sportentwicklung, Rechts- und Verwaltungsangelegenheiten der Abteilung

Referat IV A2   Dr. phil. Brux
Breitensport

Referat IV A3   Dipl.-Ing., Dipl.-Sportl. Trojahn
Sportstätten, Technische Angelegenheiten des Schulbaus

Referat IV A4   Ministerialrat Metelmann
Schulbau, Bau- und Grundstücksangelegenheiten

Referat IV A5   Ministerialrat Goebel
Sport und Umwelt, Außerschulisches Berufsfeld Sport, Entwicklung des Vereinssports

Gruppe IV B

Referat IV B1   Leitender Ministerialrat König
Grundsätzliche Angelegenheiten der Gruppe, Hochschulsport, Landesübergreifende Sportangelegenheiten

Referat IV B2   Ministerialrat Hiersemann
Leistungssport, Wettkampfwesen

Referat IV B3   Ministerialrat Pack
Schulsport

Referat IV B4   Ministerialrat Gardeweg
Sportfinanzierung, Landessportplan